RA Michael Abels/Prof. Dr. Manfred Lieb (Hrsg.)

AGB im Wirtschaftsverkehr: Herausforderung und Hürde

Kölner AGB-Symposien 2007 und 2008

Nomos

Die Deutsche Nationalbibliothek verzeichnet diese Publikation in der Deutschen Nationalbibliografie; detaillierte bibliografische Daten sind im Internet über http://dnb.d-nb.de abrufbar.

ISBN 978-3-8329-4941-9

1. Auflage 2011

Vorwort

Das Recht der Allgemeinen Geschäftsbedingungen ist trotz erster, tastender, gegenläufiger Tendenzen nach wie vor dominant und zumindest in Teilen auch noch immer auf Expansionskurs. Damit sehen sich die Unternehmen nach wie vor vielfältig konfrontiert mit schwer kalkulierbaren und nicht selten kaum zu prognostizierenden rechtlichen Schranken ihrer Vertragsgestaltungsfreiheit, die nicht nur Rechtsunsicherheit mit sich bringen, sondern – im Extremfall – bereits zu Überlegungen über eine Flucht in fremde, weniger rigide Rechte Anlass gegeben haben. In dieser Situation kommt der Rechtsberatung besondere Bedeutung zu. Sie steht im Mittelpunkt der Tätigkeit der großen deutschen Wirtschaftskanzleien. Sorgsame, fruchtbare Beratung setzt freilich wissenschaftliche Problemanalyse und Problemaufbereitung voraus. Dem hat sich insbesondere die Rechtsanwaltskanzlei Oppenhoff & Partner (früher Linklaters) seit längerem angenommen. Verwiesen sei auf die bereits früher editierten Beiträge in den Sammelbänden „AGB und Vertragsgestaltung nach der Schuldrechtsreform“ sowie „AGB im Spannungsfeld zwischen Kautelarpraxis und Rechtsprechung“ (2004 bzw. 2006 jeweils im Nomos-Verlag herausgegeben von Michael Abels und Manfred Lieb). In den Jahren 2007 und 2008 wurden zwei weitere Symposien veranstaltet, die unter Beteiligung von Richtern, Anwälten und Rechtswissenschaftlern eine Reihe besonders aktueller Fragenkomplexe zum Gegenstand hatten. Die Referate werden in diesem Band überwiegend in der jeweiligen Vortragsfassung der interessierten Öffentlichkeit in der Hoffnung auf eine entsprechende Befruchtung der Diskussion vorgelegt.

Michael Abels | Manfred Lieb

Inhaltsverzeichnis

Überzogene AGB-Kontrolle entmündigt Vertragspartner – Für Gesetzgeber und Justiz mutieren Unternehmen zu schutzbedürftigen Verbrauchern

Dr. Joachim Jahn*

Eine Grundsatzentscheidung des BGH zu den „Kardinalpflichten“[1] dürfte sich selbst als ein „Kardinalfehler“ erwiesen haben. „Es kann jedoch nicht erwartet werden, dass der durchschnittliche Händler als juristischer Laie den Inhalt dieser Rechtsprechung kennt“, judizierte der VIII. Zivilsenat zwar im Jahr 2005 in diesem Urteil. Doch selbst Unternehmensjuristen haben seither mehr Schwierigkeiten denn je, der Karlsruher Judikatur handhabbare Vorgaben zu entnehmen und gerichtsfeste Vertragsmuster zu entwickeln. Sicher: Der ungewöhnlich umfangreiche Richterspruch, der auf eine Klage des Zentralverbands aller Automobilhändler und Werkstattbetriebe in Deutschland gegen einen japanischen Autohersteller zurückging,[2] hat die Zunft der Vertragshändler erfreut. Zumindest auf den ersten Blick liest er sich auch durchaus vernünftig. Aber die Handhabung des „Kleingedruckten“ ist für die Verwender der Klauseln seither umso mehr durch mangelnde Rechtssicherheit belastet. Ein Zuwachs an Transparenz, der damit eigentlich erreicht werden sollte, ist dies nicht.

So beklagt die Elektroindustrie, die Spielräume bei der Vertragsgestaltung – „insbesondere in AGB“ – seien in den letzten Jahren immer enger geworden.[3] Der Branchenverband ZVEI hat als Verursacher die am 1. Januar 2002 in Kraft getretene Schuldrechtsreform der rot-grünen Regierungskoalition[4] sowie eine „immer restriktivere Rechtsprechung des BGH“ ausgemacht.[5] Immer häufiger würden Maßgaben aus dem Verbraucherschutz „unbesehen auf den kaufmännischen Verkehr übertragen“, heißt es mit Blick auf Berlin, Brüssel und Karlsruhe. Das legitime (und – angesichts der anzustrebenden Zuordnung von Risiken zur Sphäre desjenigen, der sie jeweils bestmöglich vermeiden kann – auch ökonomisch höchst sinnvolle) Anliegen

* Der Autor ist als Wirtschaftsredakteur der Frankfurter Allgemeinen Zeitung verantwortlich für die Seite „Recht & Steuern“ sowie Lehrbeauftragter an der Universität Mannheim.

1 BGH NJW-RR 2005, 1496.

2 Zu „Feldzügen“ von Schutzverbänden Lieb, zitiert nach Jahn, F.A.Z. v. 21.7.2004, S. 21, auch mit Zitaten von Berger, Borges, Dauner-Lieb, Abels und Dietzel. Vgl. Abels/Lieb (Hrsg.)/Lieb, AGB und Vertragsgestaltung nach der Schuldrechtsreform, 2005, S. 7, 7 ff.

3 Einladung zum ZVEI-Expertendialog zum AGB-Recht am 16. März 2007 in Frankfurt/Main.

4 Zu deren Auswirkungen auf das Arbeitsrecht, wo der Arbeitnehmer zum „Verbraucher“ umdefiniert wird Abels/Lieb (Hrsg.)/Lieb, AGB im Spannungsfeld zwischen Kautelarpraxis und Rechtsprechung, 2007, S. 123, 123 ff.; vgl. dazu Jahn, F.A.Z. v. 7.9.2005, S. 25.

5 Einladung zum ZVEI-Expertendialog zum AGB-Recht am 16. März 2007 in Frankfurt/Main.

der Hersteller: Haftungsrisiken sollen auf ein „erträgliches, kalkulierbares und versicherbares Maß“ begrenzt werden.[6]

Auch ein Vorsitzender Richter am höchsten Zivilgericht hat sich in der Fachöffentlichkeit nicht uneingeschränkt glücklich über diese Entwicklung gezeigt, zu der sein eigener Senat beigetragen hat. Kritiker aus der Beraterschaft werfen den badischen Urteilsfindern denn auch „Praxisferne“ vor und empfehlen ihnen, einmal ein Praktikum bei realen Vertragsverhandlungen zu absolvieren. Manche Syndizi propagieren als Mittel zur Selbsthilfe die Flucht in Schiedsvereinbarungen oder in fremde Rechtsordnungen, etwa ins schweizerische Rechtsregime – ein echter Standortnachteil für Deutschland.[7] Wieder andere setzen auf eine stärkere Harmonisierung der Bestimmungen in der Europäischen Union als rettendes Rezept.[8] In Brüssel, Strassburg und Luxemburg dominiert freilich häufig ein populistischer Verbraucherschutzgedanke, unter dessen Fahne sich Europapolitiker (und Europarichter[9]) Vorwände für die Ausweitung ihrer eigenen Kompetenzen verschafft haben.

Das enge Rechtskorsett zwickt und zwackt längst viele Klauselnutzer.[10] In der Tat: Die Ausweitung von Standards, die zugunsten „schwacher Konsumenten“ geschaffen wurden, vom „B2C“- auf den „B2B“-Bereich ist fragwürdig. Die klassische Grundkonstellation des professionellen Anbieters mit immenser Marktmacht, der bei (Ver- bzw. Ein-) Kauf oder Dienstleistung gleichsam fabrikmäßig dem „kleinen Mann (oder der kleinen Frau) von der Straße“ seine Konditionen aufoktroyiert, trifft hier kaum zu. Bei Kontrakten zwischen Unternehmen sind die Geschäftspartner auf beiden Seiten keine Laien. Vielmehr sind sie typischerweise gewiefte Verhandler, die mit Hilfe einer eigenen Rechtsabteilung, eines externen Beraters oder mit Unterstützung ihres Branchenverbandes über vertiefte Kenntnisse der Rechtslage verfügen. Für sie lohnt sich überdies – anders als beim Kleinkunden im Supermarkt, in der Textilreinigung oder dem Parkhaus um die Ecke – durchaus eine gründliche Prüfung der Vertragsbedingungen. Und das Volumen ihrer Aufträge auch je Einzelfall wird ihnen häufig die erforderliche Nachfragemacht verschaffen, um „unmoralischen Angeboten“ der Gegenpartei nicht hilflos ausgeliefert zu sein. Von „struktureller Unterlegenheit“, „Überrumpelung“ oder „Disparität“ kann man bei solchen Verhältnissen nicht automatisch sprechen.

Noch bedenklicher ist das allmähliche Schwinden der Vertragsfreiheit. Die Privatautonomie verflüchtigt sich, wenn als „allgemeine“ Vertragsbedingung bereits gilt, was derselbe Verwender schon einmal zuvor in einen Kontrakt hinein geschrieben hat. So wird jeder Textbaustein, wie er naturgemäß ab und an von jedem Unter-

6 Einladung zum ZVEI-Expertendialog zum AGB-Recht am 16. März 2007 in Frankfurt/Main.

7 Darauf verweist auch Hintzen vom BDI, zitiert nach Jahn, F.A.Z. v. 23.7.2003, S. 17; ähnlich Abels, F.A.Z. v. 8.8.2007, S. 19.

8 Skeptisch freilich Jahn, Vertragsfreiheit ade!, ZGS 2007, 281, 281. Gegen diesen bereits der damalige BGH-Präsident Hirsch, Erwartungen der gerichtlichen Praxis an einen Gemeinsamen Referenzrahmen für ein Europäisches Vertragsrecht, ZIP 2007, 937, 943.

9 Dazu Jahn, Europarichter überziehen ihre Kompetenzen, NJW 2008, 1788, 1788 f.

nehmen auf Grund seines jeweiligen Geschäftsgegenstandes genutzt wird, zu einer überprüfbaren Klausel. Die Ansprüche an die Bereitschaft, sich einzelne Klauseln abverhandeln zu lassen, damit sie als Individualvereinbarung gelten, werden von den Gerichten unrealistisch hoch geschraubt. An diversen Tatbestandsmerkmalen und Stellschrauben hat das Richterrecht die ohnehin schon weit reichenden Direktiven des Berliner Gesetz- und des Brüsseler Richtliniengebers zusätzlich verschärft.

Im Gegenzug wächst die Gestaltungsmacht der Justiz über das Wirtschaftsleben, wenn sie geschäftliche Abmachungen durch eine engmaschige Kontrolle des Inhalts unter Vorbehalt stellt – und damit Handelsbeziehungen unter Kuratel. Doch das rechtsstaatliche und kundenschützende Transparenzgebot wird nicht dadurch verwirklicht, dass an die Stelle einer notgedrungen abstrakt formulierten Vertragsbedingung ein ebenso wenig prognostizierbarer Richterspruch tritt. Sogar von einem Vorsitzenden BGH-Richter wurde im kleinen Kreis selbstkritisch auf einen Fall hingewiesen, in dem ein Unternehmen sich nach der gerichtlichen Aufhebung einer vermeintlich allzu unklaren Klausel nur noch dadurch zu retten wusste, dass es die entsprechende Information ganz aus seinem Vertragswerk strich. Hat hier wirklich der Markt versagt, den die Justiz regelnd hätte retten müssen – oder hat diese nicht stattdessen selbst unzulässig in die Freiheit der Wirtschaftssubjekte eingegriffen? Ein Klauselverwender wird kaum leisten können, was weder dem Gesetzgeber noch den Gerichten gelingt. Das Bestimmtheitsgebot darf nicht ins Unerreichbare hochgezont werden.[11]

Es weht ein Hauch von gutmenschtümelndem Paternalismus durch das AGB-Recht zwischen Vollkaufleuten. Eine Kehrtwende scheint geboten. Nicht alles darf zu einem Problem des Verfassungsrechts hochstilisiert werden. Doch jedenfalls untechnisch gesprochen, versündigen sich Gesetzgebung und Rechtsprechung auf diesem Feld gegen das Übermaßverbot. Auf ihrer Seite wären mehr Zurückhaltung, größere Berechenbarkeit und klarere Konturen angebracht. Das Bewusstsein dafür muss bei Politikern und Richtern gleichermaßen geschärft werden. Dazu kann jeder Anwalt, Unternehmensjurist und Verbandssyndikus beitragen, um der Wirtschaft neue Spielräume zu eröffnen.

11 Eine Gratwanderung, die angesichts des Analogieverbots in Art. 103 Abs. 2 GG insbesondere Strafrechtlern sehr wohl vertraut ist, aber in der verfassungsgerichtlichen Rechtsprechung

Transparenz!

Prof. Dr. Manfred Lieb*

Lassen Sie mich beginnen mit einer ganz simplen Beobachtung: Geraume Zeit wird ein Begriff, ein Rechtsbegriff, ganz unbefangen verwendet, ohne dass Anlass zu bestehen scheint, ihn genauer unter die Lupe zu nehmen. Dann aber taucht plötzlich ein Fall auf bzw. wird ein Fall öffentlichkeitswirksam vom BGH entschieden, der die bisherige Rechtslage in einem ganz neuen Licht erscheinen lässt und damit zu neuem, vertieftem Nachdenken über Inhalt und Reichweite des betreffenden Begriffs veranlasst, ja zwingt.

So geschehen in der berühmten, wenn nicht in der Zwischenzeit sogar berüchtigten Kardinalpflichtenentscheidung des VIII. Zivilsenats.[1] Sie ist schon vielfach diskutiert worden; ich will dem daher keine weitere Urteilsrezension hinzufügen, sondern das Urteil nur als Ausgangspunkt für weitere grundsätzliche Überlegungen benutzen, wobei ich den seinerseits schon reichlich zweifelhaften Begriff der Kardinalpflichten außen vor lasse. Meine Themen sind das Transparenzgebot als solches sowie – knapp – die Besonderheiten des unternehmerischen Verkehrs, wie sie in § 310 Abs. 1 Satz 2, Halbsatz 2 BGB angesprochen sind.

Worum ging es: Es ging darum, dass in einem Vertragshändlervertrag der Kfz-Branche, der zweifellos allgemeine Geschäftsbedingungen enthielt, der Versuch unternommen worden war, die eventuelle Schadensersatzpflicht des Händlers im Rahmen des nach der Rechtsprechung noch Möglichen zu begrenzen. Dem formulierenden Syndikus, so muss man sich dies wohl vorstellen, wird die Rechtsprechung bekannt gewesen sein, wonach auch ein Haftungsausschluss für einfache Fahrlässigkeit angeblich dann unzulässig ist, wenn es sich um die Verletzung sog. Kardinalpflichten handelt.[2] Deswegen nahm er diese Rechtsprechung unmittelbar in Bezug, indem er mit der Formulierung „soweit nicht" den Haftungsausschluss für einfache Fahrlässigkeit auf die Fälle beschränkte, in denen es um Schäden ging, die nicht auf der Verletzung von Kardinalpflichten beruhten. Dementsprechend sollte die Haftung auch für einfache Fahrlässigkeit bei der Verletzung von Kardinalpflichten akzeptiert werden. Die Endformulierung, die dabei herauskam, werden Sie kennen; sie lautete schließlich:

* Universität zu Köln.

1 BGH NJW-RR 2005, 1496, 1505; vgl. auch BGH NJW 2005, 3559.

2 Dazu Tettinger, Zu den Freizeichnungsmöglichkeiten des Verkäufers einer mangelhaften Sache, AcP 205 (2005), 1, 1 ff.; vgl. zur Kardinalpflichten-Rechtsprechung ferner

„Jedoch haftet H. nur für den aus einer vorsätzlichen oder grob fahrlässigen Vertragsverletzung resultierenden Schaden, soweit es sich nicht um die Haftung für die Verletzung von Kardinalpflichten handelt".

Unser Syndikus wird dies als besonders geschickt, weil unmittelbar am BGH orientiert, empfunden und daher kaum Skrupel gehabt haben. Weit gefehlt: Wie Sie in der Zwischenzeit wissen, nahm der BGH ausdrücklich daran Anstoß, dass der u.a. von ihm selbst entwickelte und geprägte Begriff der Kardinalpflichten in Bezug genommen worden war; es könne nicht erwartet werden – so der BGH lapidar – dass der durchschnittliche Händler als juristischer Laie den Inhalt dieser Rechtsprechung kenne. Die zitierte Regelung wurde daher als intransparent empfunden und verworfen. Bereits dies ist mehr als zweifelhaft; außerdem wurde nicht einmal erwähnt, geschweige denn gewürdigt, dass die Vertragshändler aller Wahrscheinlichkeit nach Kaufleute, zumindest aber Unternehmen im Sinne von § 310 Abs 1 Satz 1 BGB gewesen sein werden.

Ich beginne mit dem Transparenzgebot des heutigen § 307 Abs. 1 Satz 2 BGB. Dieses Gebot ist erst mit der Schuldrechtsmodernisierung in den Gesetzestext eingefügt worden. Seinen Hintergrund bildete die EG-Richtlinie über missbräuchliche Klauseln in Verbraucherverträgen, obwohl die Notwendigkeit einer Umsetzung der Rechtsfigur in deutsches Recht von maßgeblicher Seite bezweifelt, gesetzgeberischer Handlungsbedarf mit der Begründung verneint worden war, dass das bis dahin schon geltende deutsche (AGB-) Recht das Transparenzgebot nicht nur längst enthalte, sondern in seinen Ausprägungen durch Gesetz und Rechtsprechung über die Richtlinie sogar hinausgehe.

Dies war freilich deswegen zumindest zweifelhaft, weil – wie bereits erwähnt – der Gesetzestext den Terminus „Transparenz" bzw. synonyme Anforderungen an Klarheit und Verständlichkeit vor der Schuldrechtsmodernisierung überhaupt noch nicht enthalten hatte. Dementsprechend hatten Literatur und Rechtsprechung das Transparenzgebot aus anderen AGB-rechtlichen Teilregelungen abgeleitet, ohne sich dabei freilich besonders um gedankliche Stringenz zu bemühen.

Schlägt man allerdings heute einen Kommentar zum AGB-Recht auf, so wird dort wie selbstverständlich behauptet, das Transparenzgebot sei nicht nur in § 307 Abs. 1 Satz 2 BGB, sondern darüber hinaus in mehreren gesetzlichen Teilregelungen enthalten, so dass angenommen werden könne, es handele sich um ein durchgängiges und vor allem verallgemeinerungsfähiges Prinzip. Genannt werden dafür die Einbeziehungsregeln des § 305 Abs. 2 Satz 2 BGB, das Verbot überraschender Klauseln gemäß § 305c Abs. 1 BGB sowie sogar die Unklarheitenregel des § 305c Abs. 2.[3] Sehen wir genauer zu:

§ 305 Abs. 2 Ziffer 2 BGB verlangt vom Verwender, der anderen Vertragspartei die Möglichkeit zu verschaffen, in zumutbarer Weise von ihrem Inhalt Kenntnis zu nehmen. Damit kann bei unbefangener Betrachtung eigentlich nur die Möglichkeit eines zumutbaren Zugriffs auf den Text als solchen gemeint sein. Der anderen Vertragspartei soll es ohne Schwierigkeiten möglich sein, die AGB als solche zur Kenntnis zu nehmen; gemeint ist damit letztlich nur die Möglichkeit körperlicher Verschaffung bzw. – mit anderen Worten – die Verfügbarkeit des Textes als solchem.

Ganz anders die h. L.: Weit über die eben skizzierten Anforderungen hinaus wird von ihr nämlich zusätzlich auf Lesbarkeit und Verständlichkeit abgestellt.[4] Mit dem Aspekt der Lesbarkeit wird dabei nicht (nur) das äußere Erscheinungsbild (Schriftgröße etc.) angesprochen, sondern – ganz im Sinne der ergänzend genannten Verständlichkeit – auch die inhaltlich/sprachliche Zugänglichkeit. Sie wird als Eingangsvoraussetzung (miss-) verstanden. Dies geht m. E. – freilich entgegen der ganz h. L. – über den Gesetzestext deutlich hinaus. § 305 Abs. 2 Ziffer 2 BGB ist eine formale Vorschrift, keine inhaltliche. Dies zeigt sich auch darin, dass ein so weites Verständnis schon des § 305 Abs. 2 Ziffer 2 BGB die weiteren Kontrollregelungen, auf die ich gleich zurückkomme, weithin überflüssig machen würde. Bereits der Behauptung, die Einbeziehung insgesamt unklarer Klauselwerke oder auch nur einzelner Klauselteile scheitere schon am gerade dagegen gerichteten, angeblich bereits in § 305 Abs. 2 Ziffer 2 BGB enthaltenen Transparenzgebot, ist daher energisch zu widersprechen.

Hingewiesen sei auf ein weiteres, ganz erhebliches Bedenken, auf das ich noch mehrfach zurückkomme. Bei der Beurteilung der Verständlichkeit soll nämlich auf den Empfängerhorizont eines rechtsunkundigen Durchschnittskunden abgestellt werden[5]; auch unsere Ausgangsentscheidung spricht dementsprechend vom durchschnittlichen Händler als juristischem Laien. Dazu ist zunächst zu bemerken, dass das Gesetz dafür keinerlei Ansatzpunkte enthält, ja gar nicht enthalten kann, weil es die von Literatur und Rechtsprechung postulierte inhaltliche Verständlichkeit gar nicht kennt. Vor allem aber ist zu hinterfragen, welches Schutzkonzept denn hier eigentlich verfolgt wird. Die Forderung nach Verständlichkeit für Durchschnittskunden als juristischen Laien macht ja nur dann Sinn, wenn davon ausgegangen werden könnte, dass sie die allgemeinen Geschäftsbedingungen lesen, würdigen und daraus ggf. Schlüsse ziehen, etwa Änderungswünsche äußern oder sogar vom Vertragsschluss ganz Abstand nehmen. Bereits dies entbehrt nicht nur jeglichen Realitätsbezugs, sondern ist vor allem mit dem Grundkonzept des AGB-Rechts unvereinbar, das darin besteht, die andere Vertragspartei brauche sich bei Vertragsabschluss um die AGB des Verwenders gar nicht zu kümmern; ihr stehe vielmehr primär die Möglichkeit offen, später – etwa nach dem Auftreten von Vertragsstörungen – die Inhaltskontrolle nach den §§ 307 ff. BGB in Anspruch zu nehmen. Das Transparenzgebot kollidiert insoweit geradezu mit der Inhaltskontrolle, weil das Schutzbedürfnis der anderen Vertragspartei dann, wenn bei Vertragsschluss ohne weiteres verständliche und nachvollziehbare AGB-Regelungen vorgelegen haben sollten, unter dem

Aspekt der Eigenverantwortlichkeit zumindest wesentlich geringer sein dürfte als bei intransparenter Gestaltung.

Dazu kommt ein zusätzliches Problem: Obwohl insbesondere Politiker und andere Laien immer wieder publikumswirksam bzw. publikumsträchtig fordern, normative Regelungen müssten so formuliert werden, dass sie von Durchschnittsbürgern und juristischen Laien ohne weiteres, insbesondere ohne juristische Unterweisung, verstanden, beurteilt und dementsprechend im Rahmen ihrer geschäftlichen Entschließungen berücksichtigt werden könnten, so ist doch jedem halbwegs Einsichtigen klar, dass rechtliche Regelungen schon wegen ihres ganz unvermeidlichen Abstraktionsgrads und ihres ebenfalls unvermeidlichen, für Nichtjuristen kaum nachvollziehbaren Systembezugs für Laien geradezu zwangsläufig unverständlich sind.

Diese Schwierigkeiten tauchen bei AGB-Regelungen genauso, wenn nicht deswegen sogar verstärkt auf, weil man zu ihrer Beurteilung, die dem Laien abgenötigt wird, das Gesetzesrecht, von dem abgewichen wird, und die Angemessenheit der Abweichung mitbeurteilen müsste. Ein hoffnungsloses Unterfangen! In der Literatur findet sich demgegenüber allerdings wiederholt der Hinweis, der AGB-Verwender habe es deshalb leichter als der Gesetzgeber, weil er sachnäher sei und es keiner so großen Abstraktion bedürfe.[6] Dies scheint mir schlicht unzutreffend zu sein, wie nicht zuletzt die Kardinalpflichtenentscheidung beweist. Unvermeidbar komplizierte Abweichungen von geltendem dispositivem (Schuld-) Recht zu formulieren, ist auf Laienniveau kaum möglich und selbst unter Juristen ein heikles Unterfangen. Die wohlfeile und so sympathisch erscheinende Anknüpfung am durchschnittlichen Laien geht daher in die Irre.

Ähnliche Bedenken bestehen gegenüber der Instrumentalisierung des § 305c Abs. 1 BGB, des Verbots überraschender Klauseln. Auch insoweit soll deswegen eine Ausprägung des Transparenzgebots vorliegen, weil es den Verwender hindern solle, zu Lasten des arglosen oder uninformierten Kunden überraschende Klauseln in den jeweiligen Vertrag einzubeziehen. Zumindest sei aber vom Verwender eine entsprechende Einzelaufklärung des Kunden zu verlangen, um ihn dadurch vor einer Überrumpelung durch den ungewöhnlichen Inhalt der AGB zu bewahren; zugleich schütze die Vorschrift damit ein Mindestmaß an Vertrauen in den redlichen Geschäftsverkehr mit AGB. Dies mag alles sein, erscheint aber doch schon in der Formulierung gewunden und reichlich gewaltsam. Überrumpelung und Intransparenz haben zwar möglicherweise gewisse Ähnlichkeiten; signifikant sind diese dagegen nicht. Die Zuordnung der überraschenden Klausel zum Transparenzgebot wirkt eher intransparent denn klarstellend. Der bloße rechtspolitische Wunsch, ein durchgehendes, tragfähiges Prinzip als Basis weiterer Entwicklungen zu finden, dominiert allzu offenkundig.

Noch zweifelhafter ist die entsprechende Zuordnung zur Unklarheitenregel des § 305c Abs. 2 BGB. Dies schon deswegen, weil es nicht mehr um Einbeziehung wie in § 305 Abs. 2 Ziffer 2 und § 305c Abs. 1 BGB geht, sondern um eine Sonderregelung der Auslegung mit noch dazu unterschiedlichen Rechtsfolgen: Bei den §§ 305 Abs. 2 Ziffer 2 und § 305c Abs. 1 BGB wird die betreffende AGB-Regelung gar nicht Vertragsinhalt; bei § 305c Abs. 2 BGB bleibt sie dagegen Inhalt der AGB und wird dann lediglich restriktiv behandelt. Konzediert werden kann allenfalls, dass unklare Regelungen (natürlich) auch intransparent sind. Die Anwendung des § 305c Abs. 2 BGB dürfte für deren Behandlung aber ausreichen; eines zusätzlichen Transparentsgebots bedarf es nicht.

Das auf diese Weise, nämlich durch entsprechende Auslegung der bisher genannten Einzelvorschriften, gewonnene Transparenzgebot war – über diese Vorschriften hinaus – bereits vor seiner Positivierung durch das Schuldrechtsmodernisierungsgesetz anerkannt und verallgemeinert worden und zwar geradezu zu einem allgemeinen, stets zur Verfügung stehenden Rechtsprinzip; insbesondere wurde es zur weiteren Konkretisierung des damaligen § 9 AGBG benutzt. *Manfred Wolf* hat dies in dem schlichten Postulat zusammengefasst, die von § 9 verlangte Interessenabwägung müsse durch eine verständliche, richtige und konkrete tatbestandliche Ausformung in den AGB ausgeführt werden.[7] Dafür habe sich der Begriff Transparenzgebot eingebürgert, der sich in mehrere Einzelgebote aufgliedern lasse. All diese Einzelgebote dienten dem einheitlichen Zweck des Transparenzgebots, Klarheit und Überschaubarkeit über die Vertragsbedingungen zu schaffen und der Verschleierung entgegenzuwirken.

Diese glatten und wohlfeilen Formulierungen sind dem Einwand ausgesetzt, dass AGB-Regelungen, die die Filter der §§ 307 Abs. 2 Ziffer 2 und 305c Abs. 1 und 2 BGB überstanden haben (sonst könnte es zur Inhaltskontrolle gemäß § 307 gar nicht mehr kommen) doch nicht noch einmal einer weiteren Transparenzprüfung unterzogen werden sollten. Eine solch doppelte Transparenzprüfung, nämlich einmal im Rahmen der genannten Einbeziehungsvoraussetzungen sowie andererseits im Rahmen der anschließenden Inhaltskontrolle, könnte sogar widersprüchlich sein, es sei denn, man wolle zwischen verschiedenen (Intensitäts-) Stufen des Transparenzgebots unterscheiden. Dies klingt in der Literatur in der Tat gelegentlich an: Demnach würde die Einbeziehungskontrolle nur besonders grobe Fälle von Intransparenz erfassen, sodass für eine nachgelagerte, weitere, verfeinerte Transparenzprüfung im Rahmen der eigentlichen Inhaltskontrolle noch Raum bleiben könnte.[8] Dies wäre indessen eine offensichtliche Verlegenheitslösung, ja geradezu eine Klitterung, da das Gesetz, wenn es denn ein Transparenzgebot (abgesehen vom neuen § 307 Abs. 1 Satz 2 BGB) überhaupt enthalten sollte, für unterschiedliche, differenzierende Maßstäbe keinerlei Anhaltspunkte enthält. Dazu kommt, dass solche Differenzierungen auch kaum praktikabel sein dürften: Eine Unterscheidung etwa zwischen grober und einfacher Intransparenz dürfte kaum nachvollziehbar sein; das Papier (der Kommentatoren) ist hier allzu geduldig.

Dazu kommt ein Weiteres: Wie sich noch zeigen wird, ist auch noch die Wirkungsweise des Transparenzgebots eine ganz andere als das Prüfungsschema des § 307 Abs. 2 BGB: Während nämlich dort ein wertender Vergleich entweder mit vorhandenen gesetzlichen Regelungen (Ziffer 1) oder mit der vorgegebenen Vertragsstruktur (Ziffer 2) vorzunehmen ist, während es also dort um das Ausmaß und die Würdigung von festzustellenden Abweichungen geht, fordert das angebliche Transparenzgebot eine – dieser eigentlichen Inhaltskontrolle gewissermaßen noch vorgelagerte – Insichprüfung der AGB-Regelung auf Nachvollziehbarkeit und Verständlichkeit. Dies ist gewiss etwas ganz anderes als das, was das Gesetz mit seiner eigentlichen Inhaltskontrolle verlangt und vorschreibt; es fällt aus diesem Rahmen deutlich heraus; stellt etwas Neues und Andersartiges dar.

Aufschlussreich ist in diesem Zusammenhang, dass gewichtige kritische Stimmen – zu nennen ist insbesondere die Abhandlung von *Koller* in der Festschrift Steindorff[9] sowie die Habilitationsschrift von *Fastrich*[10] – von vornherein darauf aufmerksam gemacht haben, dass das Transparenzgebot, wenn überhaupt, zur Einbeziehungskontrolle, bei systematischer Betrachtung aber nicht zur Inhaltskontrolle gehöre. Sie sind aber von den hitzigen Verfechtern einer möglichst weit ausgreifenden AGB-Kontrolle geradezu rüde zurückgewiesen worden. Leider hat auch der Gesetzgeber bei der Implantation des Transparenzgebots in § 307 Abs. 1 Satz 2 BGB auf systematische Folgerichtigkeit ebenfalls nicht geachtet.

Dies alles rechtfertigt den freilich radikalen Schluss, dass ein Transparenzgebot zwar möglicherweise als gesetzgeberisches Motiv oder als dogmatisches Erklärungsmodell akzeptiert werden könnte, dass es aber keinen unmittelbar anwendbaren Rechtssatz darstellt, der in den Rechtsfolgen über die ausdrücklichen gesetzlichen Regelungen der genannten Vorschriften der §§ 305 Abs. 2 Ziffer 2, 305c Abs. 1 und 2 BGB hinausgeht.

Nun könnten Sie mir freilich kopfschüttelnd erwidern, all dies sei doch deswegen der Schnee von gestern, weil der Gesetzgeber durch § 307 Abs. 1 Satz 2 BGB nunmehr eine eindeutige gesetzliche Regelung geschaffen habe; zumindest damit hätten sich eventuelle Zweifel spätestens erledigt. Dies wäre jedoch m. E. zumindest voreilig. Dies deswegen, weil – wie gerade unsere Ausgangsentscheidung zeigt – die Reichweite und damit die Auslegung des in der Tat nunmehr gesetzlichen Transparenzgebots nach wie vor außerordentlich zweifelhaft, zumindest aber weitgehend ungesichert ist. So gesehen ist es im Rahmen allfälliger Auslegungsüberlegungen wichtig, ja unabdingbar, die zweifelhafte Herkunft eines solchen angeblichen Prinzips aufzuzeigen und zu berücksichtigen.

Welch nahezu unverdaulichen Fremdkörper das gesetzliche Transparenzgebot des § 307 Abs. 1 Satz 2 BGB darstellt, zeigt sich weiter an einem bis heute nicht entschiedenen Grundsatzstreit, nämlich darüber, ob für die Klauselverwerfung die (vorab festzustellende) Intransparenz als solche genüge, also – wie es im Regierungsentwurf ursprünglich vorgesehen war – dann einen eigenen, dritten Fall der unangemessenen Benachteiligung gemäß § 307 Abs. 2 BGB darstelle oder ob zu diesem lediglich formalen Erfordernis eine materielle Komponente inhaltlicher Unangemessenheit hinzutreten müsse.[11] Ein verlegenes Kompromissangebot besteht in der Formulierung, dass sich die erforderliche unangemessene Benachteiligung der anderen Vertragsparteien regelmäßig gerade aus der Unklarheit als solcher ergeben werde. Diese Vermutung soll dann aber immerhin – wie auch immer – widerleglich sein. Dass diese Formel unzureichend ist, liegt auf der Hand, zumal ganz offen ist, welche Überlegungen denn geeignet sein könnten, die vermutete materielle Unangemessenheit auszuschließen. Ehrlicher wäre es, den rein formalen Ansatz des Transparenzgebots zuzugestehen und dann damit besonders vorsichtig und restriktiv umzugehen.

Wie unklar und damit problematisch das Gebot ist, zeigt sich in einer weiteren, ebenfalls noch ungeklärten Grundsatzfrage: Fraglich ist nämlich, ob es für die Transparenzprüfung auf den Zeitpunkt des Vertragsschlusses oder aber auf denjenigen der Vertragsabwicklung nach Auftreten von Vertragsstörungen ankommt: Abschluss- versus Abwicklungstransparenz[12].

Die wohl h. L. – der BGH scheint sich noch nicht festgelegt zu haben – geht dahin, relevant sei beides; das Transparenzgebot habe insoweit gleich zwei Schutzdimensionen.

Schon das erstaunt, zumal das Transparenzgebot auf diese Weise eine ganz außerordentliche Reichweite bekommen würde. Grundsätzlich ist aber vor allem zu fragen, ob das Abstellen auf den Zeitpunkt des Vertragsschlusses überhaupt sachgerecht bzw. – genauer – systemrichtig sein kann. Insoweit kommt es auf die ganz grundsätzliche Frage an, welche Schutzkonzeption dem AGB-Recht denn nun eigentlich prägend zugrunde liegt. Sie ist – wenn ich recht sehe – noch immer ebenso wenig ausreichend beantwortet wie die damit unmittelbar zusammenhängende verwandte Frage nach der Begründung der Schutzbedürftigkeit der anderen Vertragspartei. Man wird aber wohl nicht fehlgehen, wenn man von der Grundüberlegung ausgeht, der Schutz vor Allgemeinen Geschäftsbedingungen beruhe zentral darauf, dass der Inhalt, der Regelungsgehalt, Allgemeiner Geschäftsbedingungen regelmäßig und vor allem unvermeidbar für die andere Vertragspartei undurchsichtig und deswegen nicht ausreichend nachvollziehbar sein wird, sodass es der anderen Vertragspartei auch gar nicht zumutbar ist, sich damit vor/bei Vertragsschluss zu beschäftigen und zur Grundlage des Vertragsschlusses zu machen. Sie kann vielmehr – wie bereits einmal erwähnt – getrost alles der späteren Inhaltskontrolle überlassen, mithilfe derer dann unangemessene Klauseln eliminiert werden können. So gesehen wäre dann Intransparenz kein seinerseits zu bekämpfender Störfaktor, sondern geradezu alltägliche Beobachtung, vorausgesetzte Realität.

Dazu an dieser Stelle eine mir wichtige methodische Zwischenbemerkung:

Herkömmlich wird nicht selten betont, dass der Gesetzgeber in seinen Regelungen frei und insbesondere nicht auf bestimmte dogmatische Konzepte verpflichtet sei. Die Wissenschaft ergänzt dies dahingehend, Dogmatik und Systematik seien ihre Sache, nicht Sache des Gesetzgebers. Dies ist m. E. schief und zu pauschal, wie sich schon dann zeigt, wenn man Systemrichtigkeit mit einem anerkannten Teilaspekt, nämlich der Widerspruchsfreiheit, gleichsetzt. So gesehen kann nämlich kaum ein Zweifel daran bestehen, dass auch der Gesetzgeber gehalten ist, seine einzelnen Rechtsfolgeregelungen auf Stimmigkeit und damit zumindest im Ansatz auf Systemrichtigkeit auszurichten. Spätestens bei teleologischer Auslegung geht davon auch die Wissenschaft wie selbstverständlich aus; Analogie und – im vorliegenden Zusammenhang besonders bedeutsam – teleologische Reduktion sind dabei altbekannte und bewährte Hilfsmittel. Berücksichtigt man dies, kann und darf man sich auch bei § 307 BGB nicht damit begnügen, dass der Gesetzgeber nun einmal in § 307 Abs. 1 Satz 2 BGB ein wie auch immer geartetes Transparenzgebot aufgestellt habe; versucht werden muss vielmehr, dieses Transparenzgebot in die Systematik der Inhaltskontrolle einzubauen bzw. – soweit dies, wie abzusehen, nicht gelingen sollte – zumindest so restriktiv zu handhaben, dass sich die Systembrüche wenigstens in noch hinnehmbaren Rahmen halten.

Zurück zum Auslegungsproblem: Insoweit wurde festgestellt, dass das Abstellen auf den Abschlusszeitpunkt mit dem traditionellen System der Inhaltskontrolle kaum zu vereinbaren ist. Dies ist den Befürwortern nicht verborgen geblieben. Sie postulieren daher das Transparenzgebot als Mittel zur Kompensation der fehlenden Wirksamkeit des Kondiktionenwettbewerbs. Die korrekte durchschaubare Vermittlung der mit einem beabsichtigten Vertragsschluss verbundenen Rechte und Pflichten sei Voraussetzung für eine informierte Sachentscheidung des Kunden, ohne die sich von vornherein kein funktionsfähiger Wettbewerb entfalten könne; die Transparenz von AGB trage zumindest tendenziell dazu bei, dass sich die Bedingungen für einen Kondiktionenwettbewerb verbessern könnten.[13] Dementsprechend hat der IV. Zivilsenat in einer Versicherungsentscheidung ausgeführt, der Versicherungsnehmer werde durch fehlende Transparenz daran gehindert, seine Entschließungsfreiheit bei Eingehung des Vertrags in voller Kenntnis des Inhalts des Vertrags, insbesondere seiner wirtschaftlichen Nachteile, auszuüben; er werde gehindert, die Produktwahl auf der Grundlage der mit dem Versicherungsvertrag verbundenen Nachteile zu treffen.[14] Dies sind hehre Worte, die einem leicht in die Feder fließen. Außen vor bleibt dabei freilich, dass diese angebliche Informationsfunktion von AGB ein völlig neuer, eigenständiger, wettbewerbsrechtlicher Aspekt ist, der mit dem bisherigen System und dem bisherigen Verständnis von Inhaltskontrolle wenig zu tun hat. Dem AGB-Recht liegt – mit *Koller*[15] – ein Modell heteronomer Kontrolle, aber kein Informationsmodell zugrunde.

13 Siehe Ulmer/Brandner/Hensen/Fuchs, AGB-Recht, § 307 Rn 326.

Dagegen könnte eingewandt werden, dass sich das AGB-Recht spätestens mit der Schaffung des § 307 Abs. 1 Satz 2 BGB zu einem Informationsmodell gewandelt habe oder zumindest um diese Komponente ergänzt worden sei. Dem steht jedoch erneut der schon erwähnte Einwand entgegen, dass ein informierter Vertragspartner, der ja – bei Transparenz! – alles verstanden haben soll und dennoch dann in voller Kenntnis der AGB abgeschlossen hat, seine Schutzbedürftigkeit zumindest weitgehend, wenn nicht vollständig einbüßt. Warum soll er, insbesondere wenn er Nachteile bewusst in Kauf genommen, d. h. bei Vertragsschluss sich darüber hinweg gesetzt hat, dann noch die Vorteile der (heteronomen) Inhaltskontrolle beanspruchen dürfen? Informations- und Kontrollmodell schließen sich so gesehen m. E. aus. Transparenz bei Vertragsschluss ist also nicht zum Nulltarif zu haben; sie begründet, nur dann macht sie Sinn, Eigenverantwortlichkeit der anderen Vertragspartei. Transparente Unangemessenheit müsste dann zumindest tendenziell akzeptiert werden.

Der fast schon krampfhafte Versuch, dem Transparenzgebot einen immer weiteren Anwendungsbereich zu erschließen, wird ebenso deutlich bei der sog. Abwicklungstransparenz. Dazu wird postuliert, hier bestehe die Gefahr, dass der Vertragspartner durch unklare oder unverständliche Klauseln seine eigenen Rechte oder die Pflichten des Verwenders nicht erkenne oder nicht richtig einschätze und deshalb nicht wahrnehme oder durchsetze.[16] Damit korrespondiert, dass es dabei – erneut – auf den juristisch oder kaufmännisch nicht gebildeten Durchschnittskunden ankommen soll.

Damit sind wir wiederum bei der Frage nach den Prämissen der gesetzlichen Regelung, bei der Frage also, von welchen (Schutz-) Vorstellungen überhaupt auszugehen ist. Der Gesetzgeber meint offenbar, man könne davon ausgehen, dass sich die andere Vertragspartei bei Vertragsstörungen hinsetze und beginne, die AGB mit dem Ziel durchzulesen, Aufschluss darüber zu bekommen, welche Rechte ihr zustehen bzw. – noch schwieriger – welche ggf. durch die Allgemeinen Geschäftsbedingungen abbedungen worden sind. Realitätsferner kann man – milde formuliert – kaum denken. Zum einen liegt die Vorstellung ganz fern, die andere Vertragspartei könne auch nur auf den Gedanken kommen, sich selbst ein Bild von den AGB und damit von der Rechtslage zu machen, und wenn ein solcher Versuch doch einmal unternommen werden sollte, würde er aller Wahrscheinlichkeit nach nach der Lektüre weniger Zeilen kopfschüttelnd abgebrochen werden. Demgegenüber wird die Realität vielmehr die sein, dass sich der Verwender bei der Diskussion um Vertragsstörungen auf seine AGB beruft und die andere Vertragspartei dann – geradezu unvermeidlich – Rechtsrat einholen wird, bei dem es dann auf den Verständnishorizont des Kunden gar nicht mehr ankommt. Anders geht es auch gar nicht! Die geradezu leichtfertige Vorstellung, es sei einem Kunden zuzumuten, sich selbst – ohne Einholung von Rechtsrat – mit den AGB zu beschäftigen, und deswegen müssten sie auf seinen Verständnishorizont Rücksicht nehmen, verkennt – wie schon einmal angedeutet – dass es die völlig unvermeidliche Komplexität von Recht von vornherein ausschließt, diese Laienverständlichkeit zu erreichen. Dies gilt umso mehr, als es bei § 307 Abs. 2 Ziffer 1 und 2 BGB jeweils darum geht, ob bzw. in welchem Umfang von geltendem, dem Laien ohnehin weitgehend unbekanntem Recht abgewichen wird. Eine auf seinen Empfängerhorizont bezogene Darstellung müsste daher diese Ausgangsrechtslage erst einmal schildern und dann deutlich machen, inwiefern davon abgewichen werden soll. Dies ist ein Ding der Unmöglichkeit. Jedermann weiß, wie schwierig es ist, z. B. das zentrale Gewährleistungs- und Schadenersatzrecht auch nur in Grundzügen verständlich zu machen. Dementsprechend ist es ausgeschlossen, AGB-Regelungen so zu formulieren, dass der Kunde seine Rechte und Pflichten und die sich daraus für ihn ergebenden Belastungen selbst verstehen, würdigen und daraus eigene Konsequenzen für die Vertragsabwicklung ziehen kann.

Ich weiß natürlich, dass ich das vermeintliche Transparenzgebot damit im Kern treffe und ich will es auch treffen, zumal die Literatur dieses Bereichs kaum noch ernst genommen werden kann. Sie tobt sich aus in immer feineren, allein am denkbaren Wortsinn von Transparenz orientierten Einzelpostulaten. Die Rede ist vom Gebot der Erkennbarkeit und Verständigkeit, vom Bestimmtheitsgebot, vom Gebot der Differenzierung, vom Richtigkeits- bzw. Täuschungsverbot sowie vom Gebot der Vollständigkeit.[17] Meine Damen und Herren, dies ist juristische Hybris, vermengt mit unfreiwilliger juristischer Lyrik, wenn nicht Komik. Hier hat sich eine ganze Phalanx von gut Meinenden daran gemacht, ein Idealbild von Recht zu entwerfen, ohne sich auch nur im Geringsten Gedanken darüber zu machen, wer denn unter solchen Bedingungen AGB überhaupt noch verantwortlich entwerfen soll. Unsere Ausgangsentscheidung ist dafür ein plastisches Beispiel. Man bekommt vielmehr entgegen mancher Beteuerung den Eindruck, als ob es nur ein Ziel gäbe, nämlich das, die Hürden so hoch zu machen, dass sie letztlich unübersteigbar werden und damit AGB den Garaus machen können.

Ein – vorläufig – Letztes: Der Gesetzgeber hat das angebliche Transparenzgebot durch seine Verortung in § 307 Abs. 1 Satz 2 BGB der Inhaltskontrolle zugerechnet; insofern hätte es nicht fern gelegen, das Transparenzgebot als dritte Konkretisierung des Absatzes 2 zu formulieren, wie dies denn auch ursprünglich im Regierungsentwurf vorgesehen war. Dies ändert aber nichts daran, dass die Konzeption der Angemessenheitsprüfung gemäß § 307 Abs. 2 Ziffer 1 und 2 BGB mit ihrem Zentralpunkt der (objektiven!) Würdigung und Gewichtung der Abweichung von wesentlichen Gedanken der gesetzlichen Regelung bzw. von vertragswesentlichen Pflichten und Rechten eine gänzlich andere ist als die geradezu linguistische Vorprüfung der Klarheit und Verständlichkeit. Auch die systematische Verortung des Transparenzgebots – ich erwähnte es bereits – ist daher nicht stimmig.

Meine Damen und Herren, spätestens an dieser Stelle werden Sie vielleicht fragen, was soll das denn alles? Ist das professorale Eitelkeit, die glaubt, alles besser zu wissen? Was soll eine solche Philippika gegen Gesetz, Literatur und Rechtsprechung? Ich gebe darauf schon jetzt eine Antwort. Sie fußt auf dem uns allen bekannten und allgemein anerkannten Prinzip der teleologischen Auslegung, das die hier dringend erforderliche teleologische Reduktion selbstverständlich mit umfasst. Die teleologische Auslegung fragt, wie wir alle wissen, primär nach Sinn und Zweck einer Regelung und berücksichtigt dabei natürlich auch den systematischen Zusammenhang mit anderen Vorschriften sowie die Sinnhaftigkeit der jeweiligen Rechtsfolgen unter Berücksichtigung ihrer Praktikabilität. Auf all das bin ich in meinen bisherigen Überlegungen eingegangen. Sie haben ergeben:

- dass die Ableitung des Transparenzgebots aus den §§ 305 Abs. 2, 305c Abs. 1 und 2 BGB außerordentlich problematisch und zumindest weitgehend überflüssig ist;
- dass die Verortung dieses angeblichen Prinzips sowohl im Bereich der Einbeziehungsvoraussetzungen als auch im Bereich der Inhaltskontrolle störend und nur schwer einigermaßen widerspruchsfrei zu handhaben ist;
- dass die angebliche Transparenzprüfung gemäß § 307 Abs. 1 Satz 2 BGB im System der Inhaltskontrolle einen Fremdkörper darstellt, der ganz andere Überlegungen erfordert als im herkömmlichen Bereich des § 307 Abs. 2 Ziffer 1 und 2 BGB;
- dass das Abstellen auf eine Informationsfunktion der Allgemeinen Geschäftsbedingungen – Stichwort: Abschlusstransparenz – das System der AGB-Kontrolle sprengt und im Übrigen krass an den Realitäten vorbeigeht;
- dass dasselbe für den Gegenpol, die sog. Abwicklungstransparenz, gilt;
- dass das Abstellen auf den Verständnishorizont eines juristischen Laien an der Realität gänzlich vorbeigeht und
- dass schließlich die gesamten Transparenzüberlegungen außer Acht lassen, dass rechtliche Regelungen und erst recht die Abbedingung bestimmter Regelungen im Hinblick auf die ganz unvermeidbare Komplexität jeden Rechts schlechterdings nicht so simpel formuliert sein können, dass Laien sie verstehen und damit arbeiten könnten.

Daraus ergibt sich das – ganz im Gegensatz zur bisherigen Entwicklung stehende – Postulat, das Transparenzgebot so weit wie irgendwie möglich zurückzudrängen. Dafür den Gesetzgeber zu mobilisieren wird nicht gelingen, zumal die rechtspolitischen Tendenzen auch auf der europäischen Ebene bedauerlicher Weise unter andauernder Missachtung der Privatautonomie eher in die Gegenrichtung gehen. Zur Rückkehr aufgerufen sind aber Literatur und Rechtsprechung. Man sage nicht, das gehe nicht; insbesondere das Beharrungsvermögen der Rechtsprechung sei zu groß. Letzteres ist zwar im Ansatz richtig. Andererseits gibt es gewichtige Beispiele für richterliche Einsicht und darauf fußende Umkehr. Ich erwähne etwa die mehrfachen Wendungen des II. Zivilsenats im Personen- und Kapitalgesellschaftsrecht; ich nenne die völlige Umkehr des XI. Zivilsenats im Bereich der revolvierenden Kreditsicherheiten; ich nenne so manchen Wertungswandel im Familienrecht etc. etc. Man

Kommentator sukzessive die Bühne verlässt und damit Raum gibt für hoffentlich eigenständige, neue Überlegungen der jeweiligen Nachfolger.

Letztlich – und damit hängt alles zusammen – bedarf es der rationalen Einsicht, dass das AGB-Recht weitgehend einer rechtspolitischen Lawine, fast einem Tsunami an Verbraucherschutzerwägungen, erlegen ist, die das Gefühl erzeugt haben, hier müsse – wem auch immer – um geradezu jeden Preis Schutz gewährt werden. Wie gerne hilft man dann! Wie wohl fühlt man sich, wenn man noch eine weitere Schutzfunktion, noch eine zusätzliche Ausprägung des Transparenzgebots, entdeckt hat!

Ich komme zu meinem zweiten, wesentlich kürzer gehaltenen Bereich, dem B2B-Bereich, der in unserer Ausgangsentscheidung deswegen zumindest hätte erwähnt werden müssen, weil es sich bei der anderen Vertragspartei, einem großen Vertragshändler, um einen Kaufmann handelte, so dass auf die im Handelsverkehr geltenden Gewohnheiten und Gebräuche angemessen Rücksicht hätte genommen werden müssen. Die Zurückhaltung des Senats erklärt sich möglicherweise daraus, dass solche Gewohnheiten und Gebräuche bezüglich der zu entscheidenden Fragen kaum vorhanden, zumindest kaum feststellbar gewesen sein könnten. Dennoch hätte deswegen Anlass zu vertieftem Nachdenken bestanden, weil sich die Kommentare immerhin gerade bezüglich der Beachtung der Transparenz darüber einig sind, dass im B2B-Bereich vielfach geringere Transparenzanforderungen genügen werden.[18] Ich will dem gar nicht genauer nachgehen; mein Ansatz ist vielmehr grundsätzlicher: Er betrifft die Unterscheidung zwischen Verbrauchern und Unternehmern als solchen. Insoweit hält das Gesetz bekanntlich gewisse Differenzierungen bereit (§ 310 Abs. 1 Satz 1 BGB). Sie sind freilich nicht sehr ausgeprägt. Im Übrigen verfolgen Literatur und Rechtsprechung leider weithin die Tendenz der Gleichschaltung; das berüchtigte Stichwort der Indizwirkung der §§ 308, 309 BGB mag als Beleg genügen. Auch hier gilt jedoch das Gebot teleologischer Auslegung, d. h. die Unterscheidung zwischen Verbrauchern und Unternehmern muss genauer hinterfragt werden. Außerordentlich aufschlussreich ist insoweit schon die Entstehungsgeschichte des AGBG: In den Reformbestrebungen Anfang der 70er Jahre dominierte zunächst der reine Verbraucherschutzgedanke, ebenso wie noch im seinerzeitigen Referentenentwurf. Angestrebt wurde eine auf Verbraucher abzuzielende und darauf beschränkte Regelung; die Schutzbedürftigkeit des Verbrauchers stand über allem. Dies änderte sich deutlich. Aufgrund eines fulminanten, weithin auch gegen den Gutacher Kötz gerichteten Referats von *Peter Ulmer* vor dem 50. Deutschen Juristentag 1974 in Hamburg wurde das einseitige Verbraucherschutzkonzept zugunsten einer nur unwesentlich (§ 24 AGBG) abgemilderten Gleichbehandlung von Verbrauchern und Unternehmern verworfen. Dies freilich nicht etwa deswegen, weil sich – etwa aufgrund rechtstatsächlicher Untersuchungen – herausgestellt hätte, dass Unternehmer im Wesentlichen ebenso schutzbedürftig seien wie Verbraucher. Der Hintergrund und die Rechtfertigung dieser schließlich Gesetz gewordenen annähernden Gleichbehandlung war vielmehr grundsätzlicher geprägt: Letztlich war es die Einheit der Zivilrechtsordnung, die durch den immer weiter vordringenden, überwiegend als ideologisch empfundenen Verbraucherschutzgedanken bedroht schien. Aufgrund auch international im Vordringen begriffener rechtspolitischer Tendenzen tauchte auch in Deutschland das Gespenst einer Aufspaltung des Bürgerlichen Rechts in Verbraucher- und Unternehmerrecht auf, verbunden – dies war sehr wesentlich – mit einer starken Zurückdrängung der Vertragsfreiheit, der Privatautonomie. Deswegen sollten Gesetze, die im Geltungsbereich auf Verbraucher beschränkt waren, nach Möglichkeit vermieden und im Übrigen – ein etwas späterer wissenschaftlicher Kriegsschauplatz – auf jeden Fall außerhalb des hehren BGB bleiben. Zu diesem Zweck formulierte insbesondere *Ulmer* den Grundgedanken des Schutzes vor Allgemeinen Geschäftsbedingungen bewusst so allgemein, so weit, dass darunter mühelos auch Unternehmer subsumiert werden konnten. Der tragende, alles umfassende Gedanke war der Schutz vor der Gefahr einseitiger Ausnutzung der faktischen Vertragsgestaltungsfreiheit des Verwenders zu Lasten des Kunden; er deckte die Inhaltskontrolle bei Verwendung von Allgemeinen Geschäftsbedingungen gegenüber Unternehmen ohne weiteres mit ab; zumindest wesentliche Differenzierungen zwischen Verbrauchern und Unternehmern waren bei diesem Grundgedanken kaum erforderlich.

Zu neuen Diskussionen gab dann die Umsetzung der EG-Verbraucherschutzrichtlinie Anlass. Erwogen wurde jetzt – insbesondere von *Hommelhoff*, dem Heidelberger Kollegen und Antioden von *Peter Ulmer*[19] – eine doppelte, unterschiedliche gesetzliche Regelung einmal für Verbraucher, zum anderen für Unternehmen; dies hätte Raum gegeben für deutlichere Differenzierungen. *Ulmer* war stärker; er setzte sich zusammen mit *Brandner* erneut mit seinem Einheitskonzept durch; es blieb bei den Retuschen des § 24a bzw. des jetzigen § 310 Abs. 3 BGB.

Wenn ich recht sehe, dreht sich der Wind jedoch in neuerer Zeit erneut: Die Unterschiede zwischen Verbrauchern und Unternehmern werden immer deutlicher; das Unbehagen an der bisher praktizierten Gleichbehandlung immer stärker. Wesentlich dazu beigetragen hat wohl vor allem der immer weiter ausgedehnte Schutz der anderen Vertragspartei und das damit verbundene Gefühl, dieses immer enger geschnürte Korsett passe nun wirklich nicht mehr auf Unternehmen bzw. – um im Bilde zu bleiben – schnüre diesen die Luft ab. Gerade in jüngerer Zeit ist dies immer stärker artikuliert worden, immer stärker ins Bewusstsein getreten, schließlich mündend in das durchaus (leider) nicht realitätsferne Postulat, deutsche (Groß-) Unternehmen müssten unter Umständen in unternehmerfreundlichere Rechtsordnungen – genannt wird vor allem die Schweiz – ausweichen, wenn denn Unternehmen im B2B-Bereich nicht mehr Spielraum gelassen werde.[20]

19 Siehe dazu Hommelhoff/Wiedenmann, Allgemeine Geschäftsbedingungen gegenüber Kaufleuten und unausgehandelte Klauseln in Verbraucherverträgen, ZIP 1993, 562, 562 ff.

20 Vgl. dazu neuerdings Lenkaitis/Löwisch, Zur Inhaltskontrolle von AGB im unternehmeri-

Solche (durchaus verständlichen) Unmutsäußerungen und die sich daraus ergebenden Appelle müssten eigentlich an den Gesetzgeber gerichtet sein. Von ihm ist jedoch wenig zu erhoffen, zumal die internationale Entwicklung eher in die Richtung einer Art von Verbraucherschutz für alle geht. Aus Brüssel sind insoweit beunruhigende Signale zu vernehmen. In der Verantwortung stehen daher erneut vor allem Rechtsprechung und Wissenschaft, wobei letztere deswegen besonders gefordert ist, weil es mit Vertragsfreiheit und Privatautonomie und damit mit der Existenz dispositiven Rechts um Kernbausteine unserer Privatrechtsordnung geht. Können Literatur und Rechtsprechung, wenn sie denn wollen sollten, trotz unveränderter Gesetzeslage einen Umschwung herbeiführen, den Besonderheiten des unternehmerischen Geschäftsverkehrs mehr gerecht werden und selbst Verbraucherschutz auf Notwendigkeit und Rechtfertigung genauer unter die Lupe nehmen? Ich meine ja! All diese Rechtsfragen, um die es hier geht und die bisher darauf gegebenen Antworten sind zweifellos stark rechtspolitisch geprägt. Dies gilt nicht nur – dort ganz selbstverständlich – für den Gesetzgeber, der der einen oder anderen rechtspolitischen Strömung zum Siege verhelfen kann, sondern auch für die zum Teil sehr stark dem Zeitgeist anheim gefallene Wissenschaft sowie – ich zögere nicht – auch für die Rechtsprechung. Als Teil der Gesellschaft kann auch sie – bei allem selbstverständlichen Bemühen um Neutralität, soweit es hier Neutralität überhaupt geben kann – nicht unbeeinflusst bleiben von mächtigen rechtspolitischen, für richtig gehaltenen Strömungen; manchmal setzt sich die Rechtsprechung sogar an die Spitze der Bewegung. Dies ist keineswegs von vornherein zu verwerfen, ist vielmehr legitim. Daraus müsste sich dann aber zugleich der Schluss ergeben dürfen, dass insbesondere die Rechtsprechung bei einem entsprechenden Wertewandel, bei deutlichen Änderungen des rechtspolitischen Bewusstseins, befugt sein müsste, dem Rechnung zu tragen, indem insbesondere den Besonderheiten des Geschäftsverkehrs zwischen Unternehmen wesentlich mehr als bisher Rechnung getragen wird. Entgegen den seinerzeitigen rechtspolitischen Idealvorstellungen von *Ulmer*, der sich damals durchaus in Übereinstimmung mit der h. L. befand, lassen sich deutliche Unterschiede in der Schutzbedürftigkeit von Verbrauchern und Unternehmern nicht länger leugnen, mag damit auch eine nach wie vor nicht sonderlich erfreuliche Differenzierung im Anwendungsbereich von Privatrecht verbunden sein. Ist dem aber so, so sollte wenigstens den Unternehmen der Freiraum erhalten bzw. restituiert werden, den sie brauchen und den sie – als andere Vertragspartei – ggf. auch verkraften können.

Meine Damen und Herren, ich habe Ihnen viel zugemutet, entschuldige mich dafür aber keineswegs. Es muss Gelegenheit geben, auch einmal Dinge zu denken, die über das Gewohnte weit hinausgehen, die den Anstoß bilden sollen, tradierte Lösungen in Frage zu stellen und alternative Vorschläge zu machen, ganz gleichgültig wie die Durchsetzungschancen derzeit sein mögen.

Die Lieferkette im unternehmerischen Bereich – gibt es dafür angemessene Regelungen im BGB?

Michael Abels*

I. Einleitung

Der europäische und deutsche Gesetzgeber haben in den letzten Jahren durch vielfältige Maßnahmen dem Verbraucher Schutz angedeihen lassen.[1] Da jedermann auch, vor allem oder auch nur Verbraucher im Sinne des § 13 BGB ist, trifft ein solcher Ansatz regelmäßig auf weitgehend ungeteilten Beifall. Die ebenso regelmäßig mit diesem Schutz des Verbrauchers verbundenen Kosten für die Lieferanten werden – mit geringem Zeitverzug – ebenso selbstverständlich an den Verbraucher weiter gegeben. Die immer wieder geäußerte Hoffnung des Gesetzgebers,[2] durch den Wett-

* Der Autor ist Rechtsanwalt und Partner der Kanzlei Oppenhoff & Partner, Köln.

1 Für die hier zu diskutierende Frage geht es vor allem um die Richtlinie 1999/44/EG des Europäischen Parlaments und des Rates vom 25. Mai 1999 zu bestimmten Aspekten des Verbrauchsgüterkaufs und der Garantien für Verbrauchsgüter ("Verbrauchsgüterkauf-Richtlinie") und um das Schuldrechtsmodernisiserungsgesetz vom 26.11.2001 (BGBl. I, 3138).

bewerb würde genau dieses vermieden, dürfte vergeblich sein und wird auch nicht durch angeblich sinkende Preise bestimmter hochwertiger Verbrauchsgüter belegt. Aber das ist eine Diskussion jenseits des rechtlichen Bereiches.

Hier sollen die Konsequenzen dieser Recht setzenden Maßnahmen in dem Bereich untersucht werden, bei dem Verbraucherschutz deswegen keine Rolle spielen kann, weil wirtschaftliche Beziehungen betroffen sind, die ohne Beteiligung von Verbrauchern stattfinden.

II. Ausgangspunkt: Der Verbraucher

Wer Verbraucher ist und wer nicht, ist in den §§ 13 und 14 Abs. 1 BGB festgelegt. Der Gesetzgeber hat auch beschrieben, wo Auswirkungen des Verbraucherschutzes gewollt sind: So insbesondere in den §§ 474 ff. BGB *Verbrauchsgüterkauf* – dogmatisch wohl zutreffender zu beschreiben als *Verbraucherkauf*. An einem solchen Geschäft ist definitionsgemäß ein Verbraucher beteiligt. Da möglicherweise der Händler, der dem Verbraucher eine bewegliche Sache veräußert, nicht hinreichend kompetent oder wirtschaftlich zu schwach sein könnte, die dem Verbraucher zugebilligten Rechte auch wirtschaftlich zu erfüllen, ist mit § 478 BGB dafür gesorgt worden, dass auch die Vorlieferanten des letzten Verkäufers seine Leistungsfähigkeit sicherzustellen haben. Durch § 478 Abs. 5 BGB wird bewirkt, dass die Regressansprüche des Letztverkäufers gegenüber seinen Vorlieferanten in der Lieferkette, an deren Ende ein Verbraucher steht, vollständig erfasst werden. Nach allgemeiner Auffassung reicht diese gesetzlich beschriebene Lieferkette allerdings nur bis zu dem Hersteller der *beweglichen Sache*, die ein Verbraucher von einem Unternehmer erworben hat. Nach ebenso allgemeiner Meinung sind dagegen die Zulieferer von Teilen, aus denen die bewegliche Sache hergestellt wird, von dem Lieferantenregress des § 478 BGB ausgenommen. Ist also beispielsweise der von einem Verbraucher erworbene Gegenstand ein Auto, so endet die mit § 478 BGB in die Regressverpflichtung einbezogene Lieferkette beim Hersteller des Automobils. Dessen Zulieferer für Reifen, Getriebe, Lampen oder anderes zählen nicht zu dieser Kette.[3]

Diese Regresskette taugt allerdings nur so lange, als der Hersteller der schließlich an einen Verbraucher verkauften beweglichen Sache ebenso wie alle Handelsstufen zwischen Hersteller und Verbraucher in Deutschland sind und dem deutschen Recht unterliegen. Es sei sehr in Frage gestellt, ob diese Regresskette auch dann noch hilft, wenn es um ein in der Volksrepublik China hergestelltes Spielzeug geht, das über ein Handelsunternehmen in Hongkong und einen in der Türkei ansässigen Zwi-

3 BeckOK/Faust, § 478 Rn 9; MüKo/Lorenz, § 478 Rn 50 m.w.N. Vgl. auch die Formulierung

schenhändler an einen kleinstädtischen Spielzeugladen in Deutschland geliefert wird.[4]

Die Praxis hat in diesem Zusammenhang durchaus zu Ungereimtheiten geführt. Denn – auch insoweit trifft der in § 474 BGB verwendete Begriff *Verbrauchsgüterkauf* den Sachverhalt eben nicht – wenn zum Beispiel ein Personal Computer oder ein Auto an einen Verbraucher (für seinen privaten Verbrauch) veräußert wird, gelten für dieses Geschäft ganz andere Haftungsregelungen, als wenn derselbe Gegenstand an einen Nicht-Verbraucher geliefert wird. Verkauft ein Warenhaus verdorbene Kondensmilch an ein Restaurant und an eine Hausfrau und berechnet denselben Preis, stehen der Hausfrau (und dem Warenhaus gegenüber dem Vorlieferanten) sehr viel weitergehende Regressmöglichkeiten zu als dem Restaurant (und dem Warenhaus wegen des an das Restaurant verkauften Produktes gegen seinen Vorlieferanten).[5] Die Beispiele ließen sich fortsetzen.

Dies alles ist wiederum ganz offensichtlich Ausdruck des politischen Willens, denn sonst hätten durchaus Möglichkeiten bestanden, dieses anders zu regeln. Und soweit als Konsequenz des Verbraucher schützenden Ansatzes in Fällen des Unternehmerkaufes die Händler und anderen Beteiligten der Lieferkette bis zum Hersteller anders behandelt werden, ist dieses billigend in Kauf genommen worden. Damit ist auch in Kauf genommen worden, dass der dem deutschen Recht angeblich innewohnende Grundsatz der Vertragsfreiheit gegen Null gestellt worden ist und gleichzeitig massiv in das vertraute Haftungskonzept des BGB eingegriffen wurde.

Unbestreitbar ist dabei, dass aufgrund europäisch-rechtlicher Vorgaben der Gesetzgeber Handlungsbedarf hatte, um den Richtlinien entsprechend einen möglichst einheitlichen europäischen Verbraucherschutz herzustellen.

III. Der Käufer ist der schützenswerte Schwächere

Auffällig ist aber, dass der Gesetzgeber es nicht dabei belassen hat, Verbraucherschutz über die Bestimmungen des Verbrauchsgüterkaufes herzustellen, sondern auch jenseits dessen Maßnahmen ergriffen hat, die eigentlich nur unter dem Aspekt

4 Rechtlich mag dies zwar möglich sein, solange das Rechtsgeschäft dem deutschen Recht unterliegt, vgl. auch MüKo/Lorenz, § 478 Rn 50, in der Praxis dürfte die Durchsetzung aber nur schwerlich möglich sein. Deswegen liegt darin auch ein (vermutlich unerwünschtes) Argument, den Hersteller in ein Land außerhalb der EU zu verlagern.

5 Im Falle des Verkaufs der Kondensmilch an einen Verbraucher, kommt dieser vor allem in den Genuss des § 476 BGB, der bei vorliegendem Sachmangel fingiert, dass der Mangel bereits bei Gefahrübergang vorlag, wenn der Mangel in den ersten sechs Monaten nach Gefahrübergang auftritt. Der in Anspruch genommene Unternehmer kann seinerseits über § 478 BGB Rückgriff nehmen. Im Falle des Verkaufs an einen Unternehmer steht die Regelung des § 476 dem Käufer nicht zur Verfügung, weiterhin muss er ggf. auch die Mängelrügeobliegenheit nach § 377 HGB beachten, um nicht seiner Ansprüche verlustig zu gehen. Der Ver-

des Verbraucherschutzes zu rechtfertigen sind, die aber ebenso gleichzeitig nicht zwingend notwendig waren, wenn es ihm nur um den Verbraucherschutz und Verbrauchsgüterkauf gegangen wäre.[6]

Tatsächlich gibt es eine ganze Reihe von Eingriffen insbesondere in das Kaufrecht, durch die bewirkt worden ist, dass im Regelfall der jeweilige Käufer einer Sache in einer deutlich günstigeren Rechtsposition ist als der Verkäufer. So zum Beispiel in § 280 Abs. 1 Satz 2 BGB durch die Umkehr der Beweislast für das Vertretenmüssen, bei Ansprüchen auf Schadensersatz nach §§ 437 Nr. 3, 280 , 281, 283 BGB (entsprechend für § 311a bzw. für § 284 BGB), so durch die Erweiterung der für die Produkteigenschaften und damit etwaigen Sachmängeln zugrunde zu legenden Aussagen in § 434 Abs. 1 Satz 3 BGB, durch die erweiterten Käuferrechte in § 437 BGB und schließlich durch die gegenüber dem früheren Rechtszustand substantiell verlängerten Verjährungsfristen. Zudem auch durch das Wahlrecht des Gläubigers, zwischen der Form der Nacherfüllung wählen zu dürfen, § 439 Abs. 1 BGB.[7]

Im Blick auf die Vertragsfreiheit mag man dem entgegenhalten, innerhalb einer Beziehung zwischen Unternehmern – neudeutsch B2B – seien die an Transaktionen beteiligten Unternehmen oder Unternehmer hinreichend kenntnisreich, unter Nutzung der Möglichkeiten der Vertragsfreiheit für ihre jeweilige Geschäftsbeziehung angemessene und preisgerechtere Regelungen vertraglich zu vereinbaren.

So unbestreitbar richtig diese Aussage in dieser Allgemeinheit sein mag, ist sie gleichzeitig nur insoweit richtig, als die Rechtsordnung davon absieht, vertragliche Beziehungen zwischen Unternehmen einer richterlichen Inhaltskontrolle zu unterwerfen; dies geschieht im deutschen Recht durch die §§ 305 ff. BGB, vereinfacht gesagt den Vorschriften über Allgemeine Geschäftsbedingungen.

IV. (Fast) Alle Verträge sind Allgemeine Geschäftsbedingungen

Mit vertretbarer Verkürzung lässt sich sagen, dass es im Licht der Rechtsprechung des BGH in den meisten Fällen aus wirtschaftlichen Gründen gar nicht möglich sein wird, vertragliche Vereinbarungen herbeizuführen,[8] die nicht insgesamt oder in einer

6 Zu den Motiven und den weitgehenden Änderungen speziell im Kaufrecht: Dauner-Lieb (Hrsg.)/Büdenbender, Das neue Schuldrecht in der anwaltlichen Praxis, 2002, 196 f. m.w.N.

7 Vgl. zu den Neuerungen im neuen Schuldrecht im Vergleich zum alten Schuldrecht überblicksartig: Dauner-Lieb (Hrsg)/Dauner-Lieb, Das neue Schuldrecht in der anwaltlichen Praxis, 2002, S. 15 ff., speziell zu Verjährung Dauner-Lieb (Hrsg.)/Mansel, Das neue Schuldrecht in der anwaltlichen Praxis, 2002, S. 23 ff., speziell zum Kaufrecht Dauner-Lieb (Hrsg.)/Büdenbender, Das neue Schuldrecht in der anwaltlichen Praxis, 2002, S. 195 ff.

8 Der BGH versteht unter „Aushandeln“: „Aushandeln“ setzt nach der Rechtsprechung des BGH mehr als „Verhandeln“ voraus. Der Verwender muss den in seinen AGB enthaltenen

Vielzahl von Einzelbestimmungen den Vorschriften der §§ 305 ff. BGB und damit der richterlichen Inhaltskontrolle unterliegen.[9]

Wirtschaftlicher Grund dafür ist, dass es aus Kostengründen und im Hinblick auf jede Einzeltransaktion schlicht ausgeschlossen ist, mit jeweils neu entworfenen und – so der BGH – *ausgehandelten* Verträgen zu arbeiten. Komplexität und Qualitätsanspruch heutiger technischer Produkte machen es unvermeidbar, den in der Regel weit überwiegenden Anteil an Komponenten und Teilen von Zulieferern zu beziehen. Bei Automobilherstellern sind das regelmäßig tausende von Unternehmen; im Großanlagenbau gilt dasselbe, im Schiffbau, bei der Herstellung von Flugzeugen, aber auch in der Unterhaltungselektronik – die Beispiele lassen sich fast beliebig fortsetzen.

Aber jenseits dieses aufwandsorientierten Arguments ist gleichermaßen wichtig, dass Großunternehmen bei Tausenden unterschiedlicher Zulieferverträge jede Möglichkeit eines geordneten Controlling und eines Risikomanagements verlören. Genau dazu sind sie rechtlich verpflichtet.[10] Wildwüchsige Zuliefervertragsstrukturen sind im Übrigen ein Einfallstor für Korruption.

Da es also nicht ohne im Wesentlichen gleichartige Verträge geht – wie auch von der Wirklichkeit bestens belegt wird – ist die richterliche Inhaltskontrolle unvermeidlich. Hauptgründe dafür sind die Grundlinien der Rechtsprechung des BGH: Der Begriff der *Vielzahl von Verträgen* in § 305 Abs. 1 Satz 1 BGB wird vom BGH dahingehend verstanden, dass ihre dreimalige Verwendung beabsichtigt werden muss.[11]

Die in § 305 Abs. 1 Satz 3 BGB angelegte Ausnahme, dass Allgemeine Geschäftsbedingungen nicht vorliegen, „soweit die Vertragsbedingungen zwischen den Vertragsparteien im Einzelnen ausgehandelt sind", ist durch unrealistisch hohe Anforderungen des BGH an die Tatbestandsvoraussetzungen für ein *Aushandeln* praktisch unüberwindlich hoch. Denn Aushandeln setzt voraus, dass die einen Vorschlag zum Vertragsinhalt vorlegende Partei gleichzeitig den Inhalt dieses Vorschlages der anderen Partei gegenüber ausdrücklich als abänderbar bezeichnet, und dann im

die reale Möglichkeit erhalten, den Inhalt der Vertragsbedingungen zu beeinflussen", so zuletzt unter Bestätigung der bisherigen Rechtsprechung BGH NJW 2005, 2543, 2544.

9 Statt vieler: Abels/Lieb (Hrsg.)/Lieb, AGB im Spannungsfeld zwischen Kautelarpraxis und Rechtsprechung, 2007, S. 109 ff.; Unter dem Gesichtspunkt der Handhabung in der Praxis: Abels/Lieb (Hrsg.)/Abels, AGB im Spannungsfeld zwischen Kautelarpraxis und Rechtsprechung, 2007, S. 13 ff.

10 Siehe 4.1.4 Deutscher Corporate Governance Code: „Der Vorstand sorgt für ein angemessenes Risikomanagement und Risikocontrolling im Unternehmen." (Stand: 6. Juni 2008). Die rechtliche Bedeutung ergibt sich aus § 161 AktG: „§ 161. Erklärung zum Corporate Governance Kodex: Vorstand und Aufsichtsrat der börsennotierten Gesellschaft erklären jährlich, dass den vom Bundesministerium der Justiz im amtlichen Teil des elektronischen Bundesanzeigers bekannt gemachten Empfehlungen der „Regierungskommission Deutscher Corporate Governance Kodex" entsprochen wurde und wird oder welche Empfehlungen nicht angewen-

Rahmen der Verhandlungen auch Änderungen vornimmt.[12] Damit wird ein Wildwuchs unterschiedlicher Verträge für gleichartige Geschäftsvorfälle erzeugt. Gleichzeitig wird der Aufwand exponentiell gesteigert und gerät in sehr vielen Fällen unvertretbar hoch.

Der Ansatz des BGH, dass die Frage des *Aushandelns* für jede einzelne vertragliche Bestimmung gesondert zu prüfen ist,[13] hat zur Konsequenz, dass das Prädikat Individualvertrag nicht einem Vertrag insgesamt sozusagen verliehen wird. Vielmehr reicht auch das noch so intensive *Aushandeln* der einen Bestimmung nicht aus, der nächsten im selben Vertrag gleiches zuzubilligen. Ist darüber nicht *ausgehandelt* worden, soll es sich um eine Allgemeine Geschäftsbedingung handeln. Ob vom Vertragspartner des Verwenders der AGB diese Bestimmung auf den ersten Blick als sinnvoll erkannt und gerade deswegen gar nicht erst diskutiert worden ist, soll keine Rolle spielen.

Die Rechtsprechung des BGH differenziert tatsächlich nicht danach, ob es sich um unternehmerische Rechtsbeziehungen handelt oder um solche zwischen einem Unternehmer und Verbrauchern. Allenfalls wird dies dadurch erledigt, dass festgestellt wird, der jeweilige Rechtssatz gelte in gleicher Weise wie für Verbraucher auch für Nichtverbraucher.[14]

Zusammengefasst bedeutet dies, dass jede Bestimmung in einem Vertrag, die nach diesen Vorgaben als Allgemeine Geschäftsbedingung zu werten ist, und die „mit wesentlichen Grundgedanken der gesetzlichen Regelungen, von der abgewichen wird, nicht zu vereinbaren ist“, für unwirksam erklärt wird (§ 307 Abs. 2 Ziffer 1 BGB). Das gleichzeitig – dogmatisch mit Recht – angewandte Prinzip des Verbots der geltungserhaltenden Reduktion führt zur Nichtigkeit der Bestimmung mit der Konsequenz, dass die allgemeinen Bestimmungen des BGB uneingeschränkt gelten.

Damit wird die Vertragsfreiheit in der Beziehung zwischen Unternehmern durch die Art und Weise der Anwendung der §§ 305 ff. BGB sehr weitgehend eingeschränkt. Entgegen dem durch Abschluss anderslautender Verträge geäußerten Willen der Parteien, es sollten andere Regeln gelten, müssen sie auch im Verhältnis zwischen Unternehmern die Bestimmungen des BGB gelten lassen, auch und gerade wo die Regelungen des BGB unangemessen sein mögen.

V. Was bedeutet die Kombination AGB plus Käuferrecht im B2B Bereich?

Der aus dem Verbraucherschutz stammende Ansatz des BGB, den Käufer zu bevorzugen, mag gerechtfertigt sein, wo der Käufer in der Beziehung zum Verkäufer eindeutig der wirtschaftlich Schwächere ist. Im Bereich des AGB-Rechtes mag man

12 BGH NJW 2005, 2543, 2544.

dieses noch ergänzen durch die Annahme, der wirtschaftlich Stärkere sei immer derjenige, der die Allgemeinen Geschäftsbedingungen stellt.

Es soll im Folgenden untersucht werden, ob in industriellen Lieferketten diese Annahmen überhaupt gerechtfertigt sind.

Beispielfall 1

Ein Unternehmen der Automobilindustrie erwirbt von einem Werkzeugmaschinenhersteller eine Metallbearbeitungsmaschine. Der Kfz-Hersteller ist ein Großbetrieb mit 80 Milliarden Euro Umsatz. Der Lieferant der Werkzeugmaschine ist ein sehr großer mittelständischer Betrieb mit einem Jahresumsatz von 2 Milliarden Euro.

Er bezieht unter anderem das Spannwerkzeug für die Metallbearbeitung von einem Familienunternehmen, das einen Umsatz von 50 Millionen Euro hat. Die in dem Spannwerkzeug verwendeten speziellen Schrauben stammen von einem Händler mit einem Umsatz von 40 Millionen Euro. Und die Unterlegscheiben, die gemeinsam mit den Schrauben geliefert werden, stammen aus einem Kleinbetrieb mit einem Umsatz von 20 Millionen Euro.

In dieser – durchaus typischen – industriellen Lieferkette ist der Käufer der Maschine und in der Lieferkette jeweils der Auftraggeber der Teile jedenfalls vom Umsatz her immer wirtschaftlich stärker als der jeweilige Lieferant. Bei aller Angreifbarkeit eines jeden Beispiels wird doch deutlich, dass in Bezug auf den schützenswerten Verbraucher, der ein Auto erwirbt, der Ansatz zutreffen mag, der Käufer sei immer der schwächere. Am Ende der Regresskette des § 478 BGB kehren sich die Verhältnisse aber ebenso regelmäßig um, wenn Umsatzzahlen als Grundlage herangezogen werden. Es mag Fälle geben, in denen ein Unternehmen wirtschaftlich von den Aufträgen des anderen abhängig ist. Das kann den Automobilhersteller betreffen, der von der Zulieferung von bestimmten Schlössern abhängt. Umgekehrt mag aber die Erteilung oder Nichterteilung eines Auftrages durch ein Großunternehmen über das Wohl und Wehe des Zulieferers entscheiden. Es kommt also sehr darauf an, die Frage der Stärke in der Vertragsbeziehung differenziert zu betrachten und im Einzelfall zu entscheiden.

Typischerweise vereinbaren die Unternehmen in derartigen Lieferketten Haftungsbeschränkungen für Fälle der Fahrlässigkeit (oft auch der groben), d.h. die Haftung für einfache Fahrlässigkeit wird in aller Regel ausgeschlossen oder aber auf etwaige Ansprüche gegen den eigenen Versicherer begrenzt und für grobe Fahrlässigkeit wird eine summenmäßige Höhenbegrenzung vereinbart, häufig in Relation zum Auftragswert. Dies geschieht ebenso regelmäßig und ausnahmslos in Bestimmungen, die nach der Rechtsprechung des BGH auch dann als Allgemeine Geschäftsbedingungen der richterlichen Inhaltskontrolle unterliegen, wenn sie von beiden Parteien jedenfalls zum Zeitpunkt des Vertragsschlusses als sinnvoll und im Gesamtumfeld des Vertrags akzeptabel beurteilt und entsprechend vereinbart wurden. Sollte allerdings wegen versehentlich entstandener Produktionsmängel an den Unterlegscheiben beim Automobilhersteller das Spannwerkzeug und damit die Werkzeugmaden, mit hoher Wahrscheinlichkeit von deutschen Gerichten als unwirksam bezeichnet und damit in allen Rechtsbeziehungen das BGB herrschen. Im Ergebnis wird also das schwächste Glied in der Kette (wir unterstellen hier die Kausalitäten) wegen des gelieferten Pfennig-Artikels Unterlegscheibe den beim Automobilhersteller als letztem Glied der Kette entstehenden Schaden zu regulieren haben. Dass dies in aller Regel zur wirtschaftlichen Vernichtung solcher Unternehmen führt, und damit auch den Regress im Ergebnis leer laufen lässt, ist eine wenig bedachte, aber notwendige Konsequenz.

Beispielfall 2
Eine Werft vereinbart mit einer Reederei einen Schiffsbauvertrag über die Lieferung eines Kreuzfahrtschiffes im Wert von über 200 Millionen Euro. Wegen des substantiellen Volumens und der wirtschaftlichen Bedeutung für beide Parteien wird in langen Verhandlungen ein Vertrag erzeugt, der in seinen Bestandteilen auch nach der Rechtsprechung des BGH ausgehandelt ist und dessen Bestimmungen demzufolge keiner richterlichen Inhaltskontrolle gemäß §§ 305 ff. BGB unterliegen.

In einem solchen Vertrag werden typischerweise für den Fall der verspäteten Ablieferung Vertragsstrafen vereinbart bzw. die Werft muss bei verspäteten Lieferungen den Umsatz-/Charterausfall für das Schiff ersetzen.

Die Werft agiert als Systemintegrator und benötigt Zulieferungen von einer Vielhundertzahl von Subunternehmern. In sachgemäßer Weise wird die Werft zum Beispiel die wegen verspäteter Lieferung mit dem eigenen Auftraggeber vereinbarten Bestimmungen eins zu eins (Back-to-Back Prinzip) an die eigenen Zulieferer weitergeben. Eine solche Abfederung der eigenen Risiken kann nur erfolgreich sein, wenn die Bestimmungen der Werft mit ihren Zulieferern über Lieferverzug einheitlich gestaltet und ein Abbild dessen sind, was die Werft ihrerseits mit dem eigenen Auftraggeber vereinbart hat.

Die im deutschen Recht nicht vermeidbare Konsequenz ist, dass der Vertrag der Werft mit dem Auftraggeber ein *Individualvertrag* ist, und die Verträge der Werft mit den Zulieferern *Allgemeine Geschäftsbedingungen* darstellen. Die nach der Rechtsprechung des BGH angelegte unvermeidliche Folge wird auch sein, dass mit an Sicherheit grenzender Wahrscheinlichkeit im Falle des Regresses die entsprechenden Bestimmungen in den Zuliefererverträgen nicht halten werden. Gleiches gilt für die haftungsbegrenzenden Bestimmungen zwischen Zulieferern und deren Unterlieferanten. Im Ergebnis ist dies sowohl für die Werft wirtschaftlich unvertretbar – denn sie wird nicht in der Lage sein, die höchst wahrscheinlich über die Vorschriften des BGB hinausgehenden eigenen Risiken aus dem Vertrag mit dem eigenen Auftraggeber eigenen Zulieferern weiterleiten zu können. Umgekehrt werden die Zulieferer, die darauf geachtet haben, die eigenen Haftungsverpflichtungen in einer angemessenen Relation zum Wert der jeweils kontrahierten Zulieferung zu halten, mit dieser Haftungsbegrenzung scheitern und durch die Zulieferung Haftungsrisiken übernehmen müssen, die im Blick auf den jeweiligen Preis des Gutes

die Seetüchtigkeit des Schiffes entscheidenden Teiles im Falle des Lieferverzuges ein Vielfaches des Lieferwertes der eigenen Sache als Schadenersatz an die Werft schulden.

VI. Ergebnis

Durch die vom Verbraucherschutz getriebene Bevorzugung des Käufers in Lieferketten werden diese auch dort rechtlich bevorzugt, wo sie unter den Aspekten der wirtschaftlichen Macht – ob durch Umsatz oder andere Aspekte ausgedrückt, sei dahin gestellt – solchen Schutzes gar nicht bedürfen und wo die Absicht des Schutzes des wirtschaftlich Schwächeren in das Gegenteil umschlägt.

Die Beschränkung der Vertragsfreiheit in typischen industriellen Sachverhalten mit Individualverträgen auf der einen Seite und Allgemeinen Geschäftsbedingungen auf der anderen Seite bewirkt für alle Beteiligten in der Lieferkette unangemessene Risiken, vor allem aber auch Unsicherheit über die wechselseitigen Rechte und Pflichten. Denn niemand kann sich ganz sicher sein, dass eine im Streitfall unangenehme Bedingung wirklich für unwirksam erklärt werden wird. Der theoretisch denkbare Hinweis, es stünde ja auch den Beteiligten in solchen Lieferketten frei, wirkliche Individualverträge im Sinne von § 305 BGB zu schließen, führt nicht weiter, weil die Vielzahl der Zuliefererverträge, die wegen des aus wirtschaftlicher Vernunft zu befolgenden Back-to-Back-Prinzips einheitlich sein müssen, eine in den entscheidenden Punkten individualvertragliche Regelung ganz offensichtlich ausschließt.[15]

Ziel und Zweck von Verträgen ist es, für die Beteiligten dokumentarische Rechtssicherheit zu schaffen. Man muss in der Praxis die Frustration von Unternehmern erlebt haben, denen man auf die Frage, welche Ansprüche oder Verpflichtungen aus einem Vertrag resultieren, eine klare Antwort schuldig bleiben muss. Zum einen, weil schon die Frage wirksamer Einbeziehung der AGB in der Praxis nicht immer eindeutig ist, zum anderen vor allem deshalb, weil es zu jeder Frage in der Antwort „darauf ankommt“ ob ein Gericht Allgemeine Geschäftsbedingungen annimmt oder eben nicht – mit zum Teil dramatisch unterschiedlichen Konsequenzen.

Unserer Erfahrung nach werden gerade im B2B Bereich die meisten Einzelgeschäfte *ohne* jede Beteiligung von Juristen, sondern durch Kaufleute oder Techniker verhandelt und abgeschlossen. Schon dies ist ein weiteres Argument dafür, warum Allgemeine Geschäftsbedingungen in der Praxis unvermeidlich sind. In diesen Berufsgruppen besteht immer noch die durch die Rechtsprechung des BGH nicht gerechtfertigte Vorstellung, das, was in einem Vertrag geschrieben steht, würde auch so gelten. So sehr aber Juristen wünschen, dass man sie an allen Verträgen beteiligt, so sehr geht dies an der deutschen und globalen Lebenswirklichkeit vorbei.

VII. Brauchen wir also ein neues Gesetz?

Im Umfeld der Überlegungen, ein einheitliches (Vertrags-)Recht in Europa zu schaffen, wird ventiliert, ein gesondertes Recht für den B2B Bereich zu installieren. Unter dem Aspekt der Einheitlichkeit der Rechtsordnung und auch, um vermeidbare Komplexitäten zu vermeiden, ist das keine gute Idee. Im Blick auf die für den Wirtschaftsverkehr wenig hilfreiche Anwendung des bestehenden Rechts aber wird man sich für diese Überlegung erwärmen müssen.

Jenseits dessen aber lassen schon die vorhandenen Bestimmungen Deutschen Bürgerlichen Rechts bei wirtschaftserfahrener und lebensnaher Auslegung hinreichend Freiräume, zu angemessenen Lösungen zu gelangen.

Da kann zum einen grundsätzlich danach unterschieden werden, ob an einem Vertragsverhältnis Unternehmer und Verbraucher (B2C) beteiligt sind, oder ob es sich um rein unternehmerische Beziehungen handelt (B2B). Dies entspricht sehr wohl den Vorstellungen des Gesetzgebers, lässt es sich sogar ausdrücklich § 310 Abs. 1 BGB entnehmen. In der Rechtsprechung ist jedoch nicht ersichtlich, dass diese Unterscheidung überhaupt, und wenn, mit der nötigen Begründungstiefe gemacht wird: Die Differenzierung ließe sich an zwei Punkten vornehmen: Zum einen bei der Frage, ob eine Klausel AGB-Qualität hat, und zum anderen bei der Frage, ob eine Klausel inhaltlich zulässig ist. Für den ersten Punkt lassen sich in der Rechtsprechung keine substanziellen Differenzierungen finden.[16] Für den zweiten Punkt gilt: Aus § 310 Abs. 1 BGB folgt, dass § 307 auf AGB im B2B Bereich anzuwenden ist. In § 310 Abs. 1 Satz 2 ist normiert, dass in diesen Fällen die Anwendung des § 307 BGB auch zur Unwirksamkeit von AGB-Klauseln führen kann, die gemäß §§ 308 und 309 BGB im Verhältnis Unternehmer zu Verbrauchern unzulässig wären. Damit soll der Auffassung vorgebeugt werden, man könne aus § 310 Abs. 1 Satz 1 BGB ableiten, das Klauseln, die bei Geschäften mit Verbrauchern gemäß §§ 308 und 309 BGB stets unwirksam, im B2B Bereich stets für wirksam zu erklären sind.[17] Der BGH spricht den §§ 308 und 309 BGB aber eine erhebliche Indizwirkung mit der Folge zu, dass nur in besonderen Ausnahmefällen ein Abweichen davon zulässig ist.[18] Dies führt zu einer fast deckungsgleichen Anwendung des AGB-Rechts im B2B und B2C Bereich.

Würde man etwa die hier beispielhaft für den Fall der Schiffswerft abgebildete Gesamtkonstellation angemessen de lege lata behandeln wollen, müsste man nur eine wirtschaftlich realistische Interpretation des Begriffes *Aushandeln* verwenden. Zuzugeben ist, dass dabei Beobachtungen der kaufmännischen Praxis hilfreich wären, über die in Deutschlands Gerichten nur Handelsrichter verfügen. So kann man unterstellen, dass mündige Kaufleute bei der Verhandlung von Verträgen weniger

16 Unterschieden wird lediglich nur bei Fragen der Anforderungen an das Einbeziehen von AGB.

die Einzelbestimmung als den gesamten Sachverhalt des Geschäftes im Blick haben und letzten Endes ihre Zustimmung zu einem Geschäft davon abhängig machen, ob der Preis (und die in ihm enthaltenen Margen) und die aus dem gesamten Vertragswerk sich ergebenden Risiken in einem angemessenen Verhältnis zueinander stehen. Dabei sind auch die üblichen Verhaltensweisen innerhalb von Branchen sehr viel intensiver mit in den wertenden Blick zu nehmen, und auch dieses sieht § 310 Abs. 1 Satz 2 BGB ausdrücklich vor. Bei einer solchen Sichtweise wird man Abschied nehmen müssen von der Anwendung des Begriffes *Aushandeln,* wie ihn die Rechtsprechung geprägt hat, und dieses Tatbestandsmerkmal nicht auf jeden einzelnen Satz und jede einzelne Klausel anwenden können. Stattdessen wird man zu untersuchen haben, ob das gesamte Vertragswerk als Ganzes, zumindest aber in wesentlichen Aspekten wie etwa der Leistungsbeschreibung und dem Preis verhandelt worden ist, und man wird davon Abstand nehmen müssen, den Begriff des Aushandelns als einen Komparativ des Verhandelns im kaufmännischen Sinne zu verstehen. Dann kommt es nur noch darauf an, ob die Parteien irgendeinen Aspekt des Vertrages verhandelt haben, und man wird die Tatsache, dass andere Aspekte von keiner Partei angesprochen wurden, als klares Einverständnis mit dem Inhalt zu werten haben.

Auch der Begriff der *Vielzahl* in § 305 Abs. 1 BGB lässt sich durchaus anders als bisher von der Rechtsprechung verstehen. Die Interpretation des BGH, *Vielzahl* sei mehr als zwei, ist sowohl semantisch wie aus der Entstehungsgeschichte von Verbraucherschutz und AGB-Recht in Deutschland heraus weder tragfähig noch angemessen. In diesem Zusammenhang könnte es allerdings der Rechtsprechung vielleicht helfen, wenn Systemintegratoren wie Werften in ihren Vertragsgestaltungen für derartige Projekte deutlich machten, dass sie mit allen Zulieferern eines solchen Projektes einheitliche Verträge aus im Einzelfall darzustellenden Gründen abschlössen. Damit würde den jeweiligen Zulieferern auch klar gemacht, im Rahmen welchen Projektes sie tätig werden und erlaubte ihnen, in die kaufmännische Risikoabschätzung diese Aspekte mit einzubeziehen.

Das Gesetz lässt auch mit dem Wortlaut von § 307 BGB *unangemessene Benachteiligung* für den B2B Bereich hilfreiche Spielräume zu. Versteht man dieses nicht als Einladung zur generellen richterlichen *Inhaltskontrolle*, sondern reduziert man es auf eine *Exzesskontrolle*, macht man den ersten Schritt in die richtige Richtung.

Wertete man den Vertrag einheitlich und nicht jeden Satz für sich, löste man sich im Rahmen einer *Exzesskontrolle* dann noch von theoretischen Betrachtungen und beschäftigte sich mit dem konkreten Einzelfall der Rechtsbeziehung, dann hätte dieses zur Folge, dass der angeblich durch die angebliche AGB Benachteiligte Beweis dafür führen müsste, dass er unangemessen benachteiligt wird, dass ein Vertrag ihm zum Beispiel unter Ausnutzung wirtschaftlicher Macht des einen und wirtschaftlicher Ohnmacht des anderen aufgezwungen wurde.

Ferner sollte die Rechtsprechung im B2B Bereich auch Abstand davon nehmen, bei Anwendung der Transparenzregel auf die theoretisch denkbar ungünstigste Auscher als die beteiligten Handelskreise, die wiederum – auch hier sollte § 310 Abs. 1 BGB beim Wort genommen werden – ein sehr viel lebensnäheres Verständnis von Inhalten entwickeln können. Man muss ihnen nur zuhören, und man sollte auch überprüfen, ob die althergebrachten Vorstellungen davon, was ein Handelsbrauch ist, in den modernen, gleichzeitig diversifizierten und globalisierten Märkten noch zeitgemäße Antworten versprechen.

Es geht auch ohne ein neues Gesetz. Aber es geht nicht ohne eine neue Rechtsprechung. Sonst werden immer mehr Unternehmen aus dem deutschen Recht emigrieren und fremde Rechte auch für Inlandsgeschäfte vereinbaren.

Regressfalle Lieferkette

Prof. Dr. Florian Faust, LL.M.*

I. Die Lieferkette bei Verbrauchsgüterkäufen

Wo es Vertragsketten gibt, lauern Regressfallen. Jedes Glied der Kette hat ein dringendes und auch schützenswertes Interesse daran, nicht wegen Umständen aus dem Bereich seines Vormanns dem Nachmann haften zu müssen, den Vormann aber nicht in Regress nehmen zu können. Der Gesetzgeber hat im Zuge der Schuldrechtsreform dieses Interesse für einen wichtigen Teilbereich geschützt, nämlich im Hinblick auf den Lieferantenregress bei Verbrauchsgüterkäufen.

1. Regresserleichterungen durch §§ 478, 479 BGB

§§ 478, 479 BGB erleichtern dem Verkäufer in vielfacher – wenn auch in sich nicht immer ganz stimmiger[1] – Weise den Regress gegen seinen Lieferanten, wenn am Ende der Kette ein Verbraucher steht. Praktisch am wichtigsten dürfte dabei sein, dass die Beweislastumkehr des § 476 BGB auch den Vorleuten zugute kommt (§ 478 Abs. 3 BGB) und dass die Verjährung der Rückgriffsansprüche gehemmt wird, bis der Unternehmer die Ansprüche seines Nachmanns erfüllt hat (§ 479 Abs. 2 BGB).

2. Beschränkung der Privatautonomie

Eher befremdet die gravierende Beschränkung der Vertragsfreiheit in den Rückgriffsverhältnissen. Eine Abweichung von den Vorschriften des Gewährleistungsrechts – mit Ausnahme der Schadensersatzansprüche – ist nach § 478 Abs. 4 BGB auch durch Individualvereinbarung nur möglich, wenn dem Rückgriffsgläubiger ein „gleichwertiger Ausgleich“ eingeräumt wird. Das Gewährleistungsrecht wird also zwischen Unternehmern (!) zum – jedenfalls in wirtschaftlicher Hinsicht – zwingenden Recht.

Diese Einschränkung der Privatautonomie war dem deutschen Gesetzgeber nicht etwa durch die VerbrGüterKRiL[2] vorgegeben, deren 9. Begründungserwägung ausdrücklich den Grundsatz der Vertragsfreiheit in Bezug auf die Regressbeziehungen hervorhebt. Dienen soll § 478 Abs. 4 BGB – so heißt es in der Regierungsbegründung – dem Schutz des „meist schwächeren“ Händlers[3]; im Gesetzgebungsverfahren wurde die Norm offensichtlich nicht in Frage gestellt. Ob diese Vorstellung des schutzbedürftigen Händlers realistisch ist, scheint äußerst fraglich. Den Herstellern stehen heute typischerweise keine kleinen Einzelhändler gegenüber, sondern Ketten wie Rewe und Saturn, deren Nachfragemacht beträchtlich ist. Nicht von ungefähr haben die Kartellbehörden immer wieder über den Missbrauch von Nachfragemacht zu entscheiden, wenn etwa Händler von Herstellern Eintrittsgelder, Regalmieten, Werbungskostenzuschüsse oder die Erbringung unentgeltlicher Dienstleistungen verlangen.[4] Derartige Händler müssen mit Sicherheit nicht durch zwingendes Recht

1 Siehe Bamberger/Roth/Faust, BGB, § 478 Rn 14 ff.

2 Richtlinie 1999/44/EG des Europäischen Parlaments und des Rates vom 25. Mai 1999 zu bestimmten Aspekten des Verbrauchsgüterkaufs und der Garantien für Verbrauchsgüter, ABl. L 171, S. 12 ff.

vor Regressfallen geschützt werden. Bei kleineren Händlern mag die Situation anders sein, obwohl auch sie häufig aus Gründen der – auch kartellrechtlichen – Nicht-Diskriminierung von der Nachfragemacht der großen profitieren werden[5].

Die für die Praxis zentrale Frage ist, wann ein „gleichwertiger Ausgleich" vorliegt und deshalb eine Abweichung vom gesetzlichen Gewährleistungsrecht zulässig ist. Erforderlich ist jedenfalls eine vertragliche Bindung des Lieferanten; die tatsächliche Gewährung eines Ausgleichs genügt nicht.[6] Die Gesetzesbegründung nennt pauschale Abrechnungssysteme, die insgesamt den berechtigten Interessen des Handels Rechnung tragen.[7] Denkbar ist auch, dass dem Unternehmer generell ein gewisser Überschuss an Ware geliefert wird, damit er Ersatzlieferungsverlangen seiner Abnehmer nachkommen kann, oder dass der Lieferant sich verpflichtet, den Unternehmer intern von allen Gewährleistungsansprüchen freizustellen[8]. Die nächstliegende Lösung wäre natürlich eine Preisermäßigung. Doch kann der bloße Verweis darauf, die Beschränkung der Gewährleistungsrechte sei in den Preis einkalkuliert, keinesfalls genügen, da sonst einer Umgehung von § 478 Abs. 4 BGB Tür und Tor geöffnet wäre. Zumindest muss dem Unternehmer die Wahl gegeben werden, zu einem höheren Preis mit Gewährleistung zu kaufen, da der Preisnachlass sonst eine bloße Behauptung bliebe.[9] Die vom Gesetz verlangte Gleichwertigkeit geht dabei über die für eine AGB-Kontrolle maßgebliche Angemessenheit (§ 307 Abs. 1 BGB) hinaus.[10] Sie zwingt den Richter – etwa im Falle der Gewährung eines Rabatts bei Vereinbarung eines Gewährleistungsausschlusses – zu einer Preiskontrolle. Maßgeblich dafür kann nicht die Gleichwertigkeit im Einzelfall sein, sondern nur eine kalkulatorische Gleichwertigkeit *ex ante*, da der Vorbehalt sonst jede Bedeutung verlieren würde.[11]

Urteile zu § 478 Abs. 4 BGB sind nicht bekannt. Das deutet darauf hin, dass die Vorschrift trotz all dieser theoretisch äußerst interessanten Fragen in der Praxis keine Probleme aufwirft.

5 Dauner-Lieb/Konzen/Schmidt (Hrsg.)/Schmidt, Das neue Schuldrecht in der Praxis, 2003, S. 430.

6 MüKo/Lorenz, § 478 Rn 42.

7 Regierungsentwurf, BT-Drs. 14/6040, 249; siehe zu den damit verbundenen Problemen Matthes, Der Herstellerregress nach § 478 BGB in Allgemeinen Geschäftsbedingungen – ausgewählte Probleme, NJW 2002, 2505, 2507; Dauner-Lieb/Konzen/Schmidt (Hrsg.)/Schmidt, 2003, 442 f.

8 MüKo/Lorenz § 478 Rn 44. A. A. Erman/Grunewald, § 478 Rn 22.

9 Erman/Grunewald, BGB, § 478 Rn 22; MüKo/Lorenz, § 478 Rn 43; Dauner-Lieb/Konzen/Schmidt (Hrsg.)/Schmidt, 2003, S. 442.

3. Schutzlücken

Steht am Ende der Kette ein Verbrauchsgüterkauf, ist der Unternehmer also gut – eigentlich schon *zu* gut – vor Regressfallen geschützt.

Anders liegt es dagegen, wenn der Letzterwerber kein Verbraucher ist, was auch der Fall ist, wenn die Lieferkette vor dem eigentlich geplanten Verkauf an einen Verbraucher abreißt, weil ein Händler den Mangel entdeckt. Hier kommen §§ 478, 479 BGB nach herrschender und richtiger Ansicht nicht zum Tragen.[12] Für die Rückgriffsmöglichkeiten des Händlers ist daher von entscheidender Bedeutung, wie sich die Kette nach ihm entwickelt, und das kann er im Zeitpunkt seines Einkaufs nicht wissen. Die offensichtliche Lösung wäre, die Anwendbarkeit der §§ 478, 479 BGB auch für den Fall zu vereinbaren, dass am Ende der Kette kein Verbraucher steht. Doch das lässt der BGH – meines Erachtens wenig überzeugend – nicht zu. Er hat entschieden, eine Erstreckung der Privilegien der §§ 478, 479 BGB auf Fälle, in denen am Ende der Kette kein Verbrauchsgüterkauf stehe, sei durch Einkaufsbedingungen nicht möglich. Es sei kein legitimes Interesse daran zu erkennen, die Rückgriffsregelung auf Fälle auszudehnen, in denen es nicht um den Ausgleich spezifisch verbraucherschutzrechtlicher Nachteile gehe. Die praktischen Schwierigkeiten daraus, dass der Einzelhändler schwer feststellen und dokumentieren könne, ob sein Abnehmer Unternehmer oder Verbraucher sei, rechtfertigten nicht, die Lieferanten für den Fall des Verkaufs an Unternehmer einer Rückgriffsregelung zu unterwerfen, deren Nachteile das Gesetz dem Lieferanten nur um eines verbesserten Verbraucherschutzes willen zumute.[13]

Auch für den Lieferanten bringt dieser enge Anwendungsbereich der §§ 478, 479 BGB erhebliche Rechtsunsicherheit mit sich: Verkauft er Sachen, die sich sowohl für private als auch für unternehmerische Verwendung eignen, an einen Händler, kann er bei Abschluss des Vertrags nicht wissen, welchen Rechtsnormen dieser Vertrag unterliegt.

Keine Hilfe bringen §§ 478, 479 BGB im Hinblick auf den Regress gegen Zulieferer. Denn diese sind nach ganz herrschender Meinung nicht Teil der Lieferkette.[14]

12 Bamberger/Roth/Faust, BGB, § 478 Rn 5; Erman/Grunewald, BGB, § 478 Rn 9; Jacobs, Der Rückgriff des Unternehmers nach § 478 BGB, JZ 2004, 225, 226; Matthes NJW 2002, 2505, 2505 f.; MüKo/Lorenz, § 478 Rn 14; Oetker/Maultzsch, Vertragliche Schuldverhältnisse, 2007, § 2 Rn 565; Palandt/Weidenkaff, § 478 Rn 3; Reinicke/Tiedtke, Kaufrecht, 2009, Rn. 787; Dauner-Lieb/Konzen/Schmidt (Hrsg.)/Schmidt, 2003, 427, 453; Staudinger/Matusche-Beckmann, § 478 Rn 131 ff. A. A. (analoge Anwendung bei Abbrechen der Lieferkette) AnwKBGB/Büdenbender, § 478 Rn 12; Tröger, Voraussetzungen des Verkäuferregresses im BGB, AcP 204 (2004), 115, 121 ff. (außer § 478 Abs. 3 BGB).

13 BGH NJW 2006, 47, 50.

14 AnwKBGB/Büdenbender, § 478 Rn 1; Erman/Grunewald, BGB, § 478 Rn 10; Jacobs JZ 2004, 225, 227 f.; Mankowski, Ein Zulieferer ist kein Lieferant, DB 2002, 2419, 2419 ff.; Matthes NJW 2002, 2505, 2506; MüKo/Lorenz, § 478 Rn 15; Oetker/Maultzsch, Vertragliche Schuldverhältnisse, 2007, § 2 Rn 566; Palandt/Weidenkaff, § 478 Rn 3; Dauner-

Schließlich gelten §§ 478, 479 BGB nur für Gewährleistungsrechte. Zur Bewältigung der Folgen einer Nichtleistung oder einer verspäteten Leistung tragen sie nichts bei.

II. Das Regressproblem außerhalb des Verbrauchsgüterkaufrechts

Weil §§ 478, 479 BGB erhebliche Schutzlücken aufweisen und bei nicht für Verbraucher bestimmten Gütern ohnehin nicht zur Anwendung kommen, ist es für die Glieder der Lieferkette von großer Bedeutung, sich vertraglich Regressmöglichkeiten zu sichern. Muss ein Unternehmer gegenüber seinem Abnehmer Bedingungen akzeptieren, die zugunsten des Abnehmers vom dispositiven Recht abweichen, wird er versuchen, entsprechende Bedingungen in den Verträgen mit seinen Lieferanten durchzusetzen. Ob ihm das gelingt, ist einerseits natürlich eine Frage der Marktmacht – so droht etwa einem schwachen Händler die Gefahr, zwischen einem starken Hersteller einerseits und einem starken Abnehmer andererseits zerrieben zu werden. Voraussetzung für ein solches „Spiegeln" der Verträge ist aber zuvörderst, dass das Recht die entsprechende Vertragsgestaltung zulässt. Das ist dann unproblematisch, wenn jeweils beide Vereinbarungen entweder als Individualvereinbarungen oder als AGB ausgestaltet sind, da sich dann die Kontrollmaßstäbe entsprechen. Erhebliche Schwierigkeiten treten aber auf, wenn der Unternehmer mit seinem Abnehmer eine Individualvereinbarung schließt und deren Bedingungen durch AGB an seine Lieferanten weitergeben will. Während die Individualvereinbarung nur den allgemeinen Schranken der Vertragsfreiheit, insbesondere § 138 BGB, unterliegt, müssen sich die AGB an § 307 BGB messen lassen.

In der Praxis stellt sich dieses Problem bei Großvorhaben, wie etwa dem Bau eines Kreuzfahrtschiffs.[15] Der Schiffbauvertrag wird zwischen dem Reeder und der Werft individuell ausgehandelt. Die Werft muss Unteraufträge im Wert von mehreren hundert Mio. € an mehr als hundert verschiedene Zulieferer vergeben und will in die Verträge mit diesen Bedingungen aufnehmen, die denjenigen in dem Schiffbauvertrag entsprechen. Das ist normalerweise nur in Form von AGB möglich. Ich möchte beispielhaft zwei solche Bedingungen herausgreifen, wie sie in Schiffbauverträgen häufig vorkommen. Dabei will ich nicht im einzelnen untersuchen, ob das AGB-Recht es der Werft gestattet, diese Bedingungen in ihre Einkaufsbedingungen aufzunehmen. Eine sichere Antwort darauf ließe sich ohnehin nicht geben – soweit es keine genau passenden Präzedenzfälle gibt, lässt sich das Ergebnis einer Inhaltskontrolle nach § 307 BGB schwer prognostizieren. Das allein schafft für die Werft eine ganz erhebliche Kalkulationsunsicherheit. Ich will nur aufzeigen, warum diese Bedingungen AGB-rechtlich alles andere als unproblematisch sind.

Beschaffungskette des Herstellers, ZGS 2002, 295, 295 ff.; A. A. Ball, Neues Gewährleis-

Verjährungsfristen

1. Die Dauer der Verjährungsfrist für Gewährleistungsansprüche beträgt vier Jahre, soweit nicht im Folgenden abweichend geregelt.
2. Besondere Verjährungsfristen werden wir folgt vereinbart:
   - für das Antifouling unterhalb der Wasserlinie zwei Jahre;
   - für die Korrosionsfreiheit der Innenräume von Tanks zehn Jahre.

Die Verlängerung der Verjährungsfrist von zwei Jahren (§§ 438 Abs. 1 Nr. 3, 634a Abs. 1 Nr. 1 BGB) auf vier und zehn Jahre ist bedenklich. Je größer die Abweichung von der gesetzlichen Frist ist, umso eher ist sie unangemessen.[16] Produktspezifische Besonderheiten sind dabei zu berücksichtigen.[17] Nach Ansicht von *Coester* reicht die Gefahr von Regresslücken nicht aus, um eine Verlängerung der Verjährung zu rechtfertigen, da der Gesetzgeber dieses Problem – wo er es für nötig gehalten habe (z. B. § 479 Abs. 2 BGB) – geregelt habe.[18] Der BGH hat dagegen ein berechtigtes Interesse des Verwenders daran anerkannt, beim Weiterverkauf an einen Unternehmer nicht in eine Regressfalle zu geraten, und deshalb eine Verlängerung der zweijährigen Verjährung der kaufrechtlichen Gewährleistungsansprüche auf drei Jahre für zulässig gehalten.[19] Eine Klausel, die die Verjährungsfrist für Rechtsmängel generell auf zehn Jahre verlängerte, hielt der BGH dagegen für unangemessen i. S. von § 307 Abs. 2 Nr. 1 BGB. Eine Verfünffachung der gesetzlichen Verjährungsfrist entferne sich so weit von der gesetzlichen Regelung, dass sie mit deren wesentlichen Grundgedanken nicht mehr zu vereinbaren sei.[20]

Vertragsstrafen

1. Wenn die Werft wegen verspäteter oder nicht vertragsgerechter Lieferungen des Zulieferers nicht in der Lage ist, das Schiff pünktlich ihrem Auftraggeber abzuliefern, ist sie berechtigt, gegenüber dem Zulieferer für jeden angefangenen 5-Tages-Zeitraum eine Vertragsstrafe in Höhe von 2% des Nettovertragspreises geltend zu machen.
2. Für jeden Tag, an dem das Schiff während der ersten zwölf Monate ab Ablieferung wegen Zulieferungen des Zulieferers nicht seetüchtig ist, ist die Werft berechtigt, eine Vertragsstrafe von 15.000 € geltend zu machen, insgesamt jedoch maximal 12% des Vertragspreises.

16 Wolf/Lindacher/Pfeiffer/Dammann, AGB-Recht, § 309 Nr. 8 b ff. Rn 55, Klauseln Rn E 105; Ulmer/Brandner/Hensen/Christensen, AGB-Recht, Anh. § 310 Rn 889.
17 Staudinger/Coester, § 307 Rn. 663.
18 Staudinger/Coester, § 307 Rn. 663.
19 BGH NJW 2006, 47, 47f.
20 BGH NJW 2006, 47, 50; Wolf/Lindacher/Pfeiffer/Dammann, AGB-Recht, Klauseln

Die Werft will mit dieser Regelung die Vertragsstrafen an ihre Zulieferer weitergeben, denen sie sich gegenüber dem Reeder für den Fall unterworfen hat, dass das Schiff nicht rechtzeitig ausgeliefert wird oder später wegen Mängeln nicht seetüchtig ist. Die Regelung weicht insofern vom gesetzlichen Leitbild des § 339 BGB ab, als die Vertragsstrafe nicht von einem Vertretenmüssen des Zulieferers abhängig ist.[21] Die Vereinbarung einer verschuldensunabhängigen Vertragsstrafe in AGB wird nur ausnahmsweise bei gewichtigen Interessen des Verwenders für zulässig gehalten.[22] Solche besonders gewichtigen Gründe können nicht darin liegen, dass der Verwender selbst seinem Auftraggeber individualvertraglich eine verschuldensunabhängige Vertragsstrafe versprochen hat; denn das fällt in seinen Risikobereich.

Zur Höhe von Vertragsstrafen, die durch AGB festgesetzt werden können, hat der BGH im Zusammenhang mit Bauverträgen Stellung genommen. Dort gelte eine Vertragsstrafe für Terminüberschreitungen als unangemessen, wenn sie 0,5% der Auftragssumme pro Tag überschreite oder die Vereinbarung einer angemessenen Höchstgrenze („nicht mehr als etwa 10% oder gar nunmehr nur 5% der Auftragssumme“) fehle.[23] Die Übertragung dieser Grenzen auf den vorliegenden Fall begegnet keinen Bedenken. Danach wäre die 2%-Klausel unangemessen, da unter Umständen für einen einzigen Tag 2% zu zahlen wären. Auch die 15.000 €-Klausel wäre zumindest bei kleinerem Auftragsvolumen unangemessen. Schließlich ist auch die Höchstgrenze von 12% bedenklich.

Wie auch immer man die Gültigkeit der Klauseln letztlich beurteilt – *ex ante* könnte sich die Werft jedenfalls nicht darauf verlassen, dass sie solche Klauseln wirksam in die Verträge mit ihren Zulieferern einbeziehen kann. Schiebt man allerdings die „Prägung“ durch Jahrzehnte AGB-Recht beiseite und fragt ganz naiv: „Warum eigentlich?“, so fällt die Antwort nicht leicht. Warum soll etwa die Werft mit einem Zulieferbetrieb, bei dem sie für 10 Mio. € Tanks in Auftrag gibt, durch AGB keine zehnjährige Verjährung vereinbaren können? Beantworten lässt sich das nur, wenn man sich den Zweck der Inhaltskontrolle bewusst macht.

21 OLG Celle NJW-RR 1988, 946, 947 und Wolf/Lindacher/Pfeiffer/Dammann, AGB-Recht, § 309 Nr. 6 Rn 111 nehmen an, von einer verschuldensunabhängigen Vertragsstrafe sei nur auszugehen, wenn dies ausdrücklich vorgesehen sei; sonst seien Vertragsstrafeklauseln i. S. eines Verschuldenserfordernisses auszulegen. Das ist mit der Unklarheitenregel (§ 305c Abs. 2 BGB) und dem Transparenzgebot (§ 307 Abs. 1 S. 2 BGB) schwerlich vereinbar. So im Ergebnis auch Ulmer/Brandner/Hensen/Hensen, AGB-Recht, § 309 Nr. 6 Rn 12.

22 BGH NJW-RR 2003, 1056 1060; MüKo/Kieninger, § 309 Nr. 6 Rn 17, 21; Staudin-

III. *Zweck der Inhaltskontrolle*

1. Schutz des Schwächeren vor der wirtschaftlichen oder intellektuellen Überlegenheit des Verwenders?

Der Zweck der Inhaltskontrolle liegt – entgegen dem ersten Anschein – nicht im Schutz des Schwächeren vor der wirtschaftlichen oder intellektuellen Überlegenheit des Verwenders.[24] Zwar heißt es in der 9. Begründungserwägung der EG-Richtlinie über missbräuchliche Klauseln in Verbraucherverträgen[25], die Käufer von Waren oder Dienstleistungen seien vor dem Machtmissbrauch des Verkäufers, insbesondere vor vom Verkäufer einseitig festgelegten Standardverträgen, zu schützen. Doch geht das deutsche AGB-Recht weit über diesen Schutzzweck hinaus. Im Gegensatz zur Richtlinie gilt es nicht nur für Verbraucherverträge, sondern auch für Verträge, bei denen auf beiden Seiten nur Verbraucher oder nur Unternehmer stehen, also in Fällen, in denen gerade nicht typischerweise ein Machtgefälle zwischen den Parteien besteht. Die bloße Tatsache, dass die AGB der einen Seite Vertragsinhalt werden, lässt nicht auf eine überlegene Machtstellung dieser Seite schließen. So akzeptieren auch große Unternehmen in aller Regel die AGB-Klauseln von Lagerhaltern, Frachtführern oder Banken.[26] Der Anwendungsbereich des AGB-Rechts geht daher weit über die Situationen hinaus, in denen ein Machtgefälle besteht. Umgekehrt erfasst er keineswegs alle Situationen unterschiedlicher wirtschaftlicher oder intellektueller Macht. Ginge es vorrangig um den Schutz des Schwächeren, wäre die Beschränkung der Inhaltskontrolle auf AGB schwer zu rechtfertigen, denn auch im Rahmen von Individualvereinbarungen wird sich normalerweise die überlegene Partei durchsetzen.[27] Die Vorformulierung birgt insofern keine zusätzlichen Risiken, da die Gegenseite sich auf vorformulierte Bedingungen ebensowenig einzulassen braucht, wie sie bestimmte ihr ungünstige Individualvereinbarungen akzeptieren muss. Dass die überlegene Partei möglicherweise zu einem Abschluss zu anderen Bedingungen nicht bereit ist und ihren Partner vor die Wahl des „take it or leave it" stellt, rechtfertigt bei AGB ebensowenig eine Inhaltskontrolle wie bei Individualvereinbarungen.[28] Dass es nicht vorrangig um den Schutz des Schwächeren geht, zeigt vor allem die Tatsache, dass derjenige Punkt, in dem der Schutz des Schwächeren besonders dringlich scheint – nämlich die Festlegung der beiderseitigen Hauptleistungen –

24 Fastrich, Richterliche Inhaltskontrolle im Privatrecht, 1992, S. 81 f.

25 Richtlinie 93/13/EWG des Rates vom 5. April 1993 über mißbräuchliche Klauseln in Verbraucherverträgen, ABl. L 95, S. 29 ff.

26 Kötz, Der Schutzzweck der AGB-Kontrolle – Eine rechtsökonomische Skizze, JuS 2003, 209, 210 f.

27 Wackerbarth, Unternehmer, Verbraucher und die Rechtfertigung der Inhaltskontrolle vorformulierter Verträge, AcP 200 (2000), 45, 54.

nach § 307 Abs. 3 S. 1 BGB gerade von der Inhaltskontrolle ausgenommen ist.[29] Wie kann es sein, dass die stärkere Partei ihre Macht bei der Festlegung des Vertragspreises bis zur Grenze der Sittenwidrigkeit zum Einsatz bringen kann, bei der Bestimmung von Verjährungsfristen aber weit engeren Restriktionen unterworfen wird?

2. Ausgleich des fehlenden Konditionenwettbewerbs

Der Grund dafür, dass AGB-Klauseln in Bezug auf die Festlegung der Hauptleistungen und Individualvereinbarungen weit weniger streng kontrolliert werden als sonstige AGB-Klauseln, liegt darin, dass bei Individualvereinbarungen und der Festlegung der Hauptleistungen[30] eine richterliche Kontrolle auf Extremfälle beschränkt werden kann, weil die Kräfte des Marktes einen Machtmissbrauch verhindern. Ist – mit Hilfe des Kartellrechts – hinreichender Wettbewerb gesichert, sorgt er dafür, dass marktstarke Unternehmen nicht überhöhte Preise verlangen oder minderwertige Leistungen anbieten können. In Bezug auf den typischen Inhalt von AGB versagt dieser Schutz durch Wettbewerb, und deshalb tut dort eine richterliche Inhaltskontrolle not.[31]

Wettbewerb setzt nämlich voraus, dass die Marktteilnehmer den betreffenden Umstand bei ihrer Entscheidung über den Vertragsschluss berücksichtigen. Der Inhalt von AGB wird nun bei der Abwägung der Vor- und Nachteile eines Vertragsschlusses weitgehend ausgeblendet. Häufig wird er gar nicht zur Kenntnis genommen. Und selbst wenn er zur Kenntnis genommen wird, wird er nicht hinreichend gewichtet. Das liegt maßgeblich daran, dass die meisten AGB-Klauseln im Rahmen der Vertragsdurchführung nie relevant werden, sondern Störungsfälle regeln, die nur mit geringer Wahrscheinlichkeit eintreten. Menschen neigen dazu, derartige recht kleine Risiken bei ihren Entscheidungen zu verdrängen – wer beim Autofahren dauernd an die Unfallgefahr, beim Essen im Restaurant an das Vergiftungsrisiko und beim Kauf von Unterhaltungselektronik an das Mängelrisiko denkt, wird kein sehr angenehmes Leben führen. Selbst wenn sich ein Marktteilnehmer eines Risikos bewusst ist, verfügt er im Allgemeinen nicht über die nötigen Daten, um es zu quantifizieren und mit anderen Parametern des Vertrags – wie etwa dem verlangten Preis – abzuwägen. Für den AGB-Verwender ist es oft nicht ratsam, kundengünstige AGB werbemäßig herauszustellen; andernfalls würde er womöglich die Kunden erst auf mit dem Vertrag verbundene Risiken aufmerksam machen und dadurch vom Ver-

29 Wackerbarth AcP 200 (2000), 45, 57 f.

30 Vgl. auch Canaris, Zinsberechnungs- und Tilgungsverrechnungsklauseln beim Annuitätendarlehen – Zugleich ein Beitrag zur Abgrenzung von § 8 und § 9 AGB-Gesetz, NJW 1987, 609, 613, der allerdings der Überlegung, der Durchschnittskunde widme Nebenpunkten typischerweise nicht die gleiche Aufmerksamkeit wie der Festlegung der Hauptleistung, aller-

tragsschluss abschrecken. Konditionenwettbewerb findet daher nicht in ausreichendem Maß statt.

Im Gegenteil ist es für den AGB-Verwender sinnvoll, diejenigen Parameter möglichst kundengünstig zu gestalten, die der Kunde seiner Entscheidung über den Vertragsschluss zugrunde legt, und die daraus entstehenden Kosten durch eine kundenfeindliche Ausgestaltung der AGB auszugleichen. Der fehlende Konditionenwettbewerb führt daher in Bezug auf AGB zu einem „race to the bottom“, dem durch die Inhaltskontrolle Einhalt geboten werden muss.[32]

Dies gilt auch in Bezug auf Verträge unter Unternehmern. Unternehmer werden sich zwar eher als Verbraucher rational verhalten, und jedenfalls kann von ihnen rationales Verhalten erwartet werden; erfüllen sie diese Erwartung nicht, sind sie nicht schutzwürdig. Das Ausblenden des AGB-Inhalts kann aber durchaus rational sein. Denn den Inhalt von AGB zur Kenntnis zu nehmen, zu analysieren und ihn mit dem Inhalt der AGB anderer Anbieter zu vergleichen ist zeit- und damit kostenintensiv. Der daraus entspringende Nutzen ist aber schon deshalb relativ gering, weil viele AGB nur mit geringer Wahrscheinlichkeit im Zuge der Vertragsdurchführung zum Tragen kommen werden. Die Inhaltskontrolle begrenzt nun das Risiko, das die Einbeziehung ihm unbekannter Klauseln für den Kunden mit sich bringt, und ermöglicht ihm dadurch, die Kosten für die Analyse etc. der AGB zu sparen. Indem sie dem Vertragspartner des Verwenders einen gewissen Mindeststandard sichert, ermöglicht sie die Ersparnis von Transaktionskosten.[33]

3. Zwischenergebnis

Eine Inhaltskontrolle ist bei Verträgen unter Unternehmern nur dann erforderlich, wenn man dem Vertragspartner ermöglichen will, den Vertrag ohne genaue Analyse etc. der AGB zu schließen. Das ist jedenfalls bei Alltagsgeschäften im unternehmerischen Verkehr der Fall. Es wäre eine unsinnige Zeitvergeudung, wenn ein Unternehmer die einschlägigen AGB lesen, analysieren und vergleichen würde, bevor er sein Firmenauto in einem Parkhaus abstellt, seine Dienstkleidung in die Reinigung gibt oder Kugelschreiber fürs Büro kauft. Ist dagegen ein Vertrag so bedeutend, dass es sich lohnt, seinen Inhalt vorher – eventuell unter Beiziehung von Rechtsanwälten – genau zu prüfen, ist eine Inhaltskontrolle nicht angebracht.[34] Sie

32 Fastrich, 1992, S. 86; Kötz JuS 2003, 209, 213; Ulmer/Brandner/Hensen/Fuchs, AGB-Recht, vor § 307 Rn 34; Wackerbarth AcP 200 (2000), 45, 70 f.

33 Kötz JuS 2003, 209, 211; Koller, in: Festschrift Steindorff, S. 669 f.; Abels/Lieb (Hrsg.)/Lieb, AGB im Spannungsfeld zwischen Kautelarpraxis und Rechtsprechung, 2007, S. 113; MüKo/Basedow, vor § 305 Rn 5; MüKo/Kieninger, § 307 Rn 39; Ulmer/Brandner/Hensen/Fuchs, AGB-Recht, vor § 307 Rn 33 f.; Wackerbarth AcP 200 (2000), 45, 80. Vgl. auch Fastrich, 1992, S. 83 ff.

34 Vgl. Lischek/Mahnken, Vertragsverhandlungen zwischen Unternehmen und AGB – Anmer-

würde dann nur dazu führen, die erwünschte genaue Prüfung und damit auch den Konditionenwettbewerb zu verhindern.

IV. Ansatzpunkte für eine Reduzierung der Kontrolldichte im unternehmerischen Geschäftsverkehr

Es fragt sich, ob der Erkenntnis, dass bei bedeutenden Verträgen unter Unternehmern eine Inhaltskontrolle nicht angebracht ist, im Rahmen der §§ 305 ff. BGB Geltung verschafft werden kann. Insofern scheinen drei Ansatzpunkte möglich: die für eine Vielzahl von Verträgen vorformulierten Vertragsbedingungen, das individuelle Aushandeln und der Kontrollmaßstab im Rahmen von § 307 Abs. 1 und 2 BGB.

1. Für eine Vielzahl von Verträgen vorformulierte Vertragsbedingungen (§ 305 Abs. 1 S. 1 BGB)

Das Merkmal der *für eine Vielzahl von Verträgen* vorformulierten Vertragsbestimmungen ist ungeeignet, um die Inhaltskontrolle im erläuterten Sinn zu beschränken. Im Hinblick auf den Schutzzweck der Inhaltskontrolle stellt es ohnehin einen Fremdkörper dar[35]: Dafür, ob der Vertragspartner den Inhalt der Klauseln bei seiner Entscheidung über den Vertragsschluss berücksichtigt, spielt es keine Rolle, ob die Gegenseite die Klauseln nur für den konkreten Vertrag, für zwei oder für zehntausend andere Verträge vorformuliert hat. Konsequent verzichtet die Klausel-Richtlinie – und deshalb für Verbraucherverträge auch § 310 Abs. 3 Nr. 2 BGB – auf das Erfordernis der Vielzahl und sieht eine Inhaltskontrolle auch bei einer Vorformulierung zum einmaligen Gebruch vor.

2. Nicht im Einzelnen ausgehandelt (§ 305 Abs. 1 S. 3 BGB)

Das Merkmal „nicht im einzelnen ausgehandelt" (§ 305 Abs. 1 S. 3 BGB) steht in unmittelbarem Zusammenhang mit dem Zweck der Inhaltskontrolle. Denn wenn eine Klausel im einzelnen ausgehandelt ist, ist sich der Vertragspartner des Verwenders über ihren Inhalt und ihre Tragweite hinreichend im Klaren, so dass er sie bei der Entscheidung über den Vertragsschluss angemessen berücksichtigen wird.

35 Abels/Lieb (Hrsg.)/Lieb, AGB im Spannungsfeld zwischen Kautelarpraxis und Rechtsprechung, 2007, 109, 112. A. A. Fastrich, 1992, S. 230 mit dem Argument, die Vorformulierung

Rechtsprechung und herrschende Literaturmeinung legen den Begriff des Aushandelns sehr restriktiv aus. Aushandeln sei mehr als Verhandeln. Der Verwender muss den „gesetzesfremden Kerngehalt" der Klauseln inhaltlich ernsthaft zur Disposition stellen und dem Verhandlungspartner die reale Möglichkeit einräumen, die inhaltliche Ausgestaltung der Vertragsbedingungen zu beeinflussen. Er muss sich also deutlich und ernsthaft zur gewünschten Änderung einzelner Klauseln bereiterklären.[36] Allenfalls unter besonderen Umständen soll ein Vertrag auch dann als Ergebnis eines Aushandelns gewertet werden können, wenn es schließlich nach gründlicher Erörterung bei dem gestellten Entwurf verbleibt.[37] Der Umstand, dass die Parteien die Klauseln gemeinsam gelesen und erörtert haben, ist jedenfalls kein Aushandeln im Sinne des Gesetzes.[38] Eine BGH-Entscheidung, nach der im kaufmännischen Geschäftsverkehr ein individuelles Aushandeln auch dann vorliegen kann, wenn der Verwender eine bestimmte Klausel für unabdingbar erklärt[39], ist vereinzelt geblieben.

Im oben (II.) erörterten Schiffbau-Beispiel kommt danach ein individuelles Aushandeln nicht in Betracht, weil die Werft den Inhalt der Klauseln gerade nicht zur Disposition stellen will, sondern auf die betreffenden Klauseln angewiesen ist, um die Zulieferer den gleichen Bedingungen zu unterwerfen, die im Vertrag zwischen der Werft und ihrem Auftraggeber gelten. „Aushandeln" ist ein im Wesentlichen empirisches Kriterium, das sich schlecht für normative Differenzierungen eignet.

Meiner Ansicht nach sollte man an dem restriktiven Begriff des Aushandelns festhalten. Denn das bloße Kennen einer Klausel führt nicht dazu, dass diese Klausel bei der Entscheidung über den Vertragsschluss angemessen berücksichtigt wird. Dazu wäre außer der Kenntnis des Klauselinhalts seine Gewichtung erforderlich. Der

36 BGH NJW-RR 1986, 54, 54; BGH NJW 1991, 1678, 1679; BGH NJW 1998, 3488, 3489; BGH NJW 2000, 1110, 1111; BGH NJW 2003, 1805, 1807. Großzügiger Berger, Abschied von der Privatautonomie im unternehmerischen Geschäftsverkehr?, ZIP 2006, 2149, 2152 f. und Lischek/Mahnken ZIP 2007, 158, 160 f.; dagegen Graf v. Westphalen, 30 Jahre AGB-Recht – Eine Erfolgsbilanz, ZIP 2007, 149, 150 ff.

37 BGH NJW 2000, 1110, 1111 f.; BGH NJW 2003, 1805, 1807; weitergehend Staudinger/Schlosser, § 305 Rn 44; Kessel/Jüttner, Der Vorbehalt der Individualabrede im unternehmerischen Geschäftsverkehr, BB 2008, 1350, 1351 weisen demgegenüber zu Recht darauf hin, dass § 305 Abs. 1 S. 3 BGB gerade in den Fällen relevant wird, in denen es nicht zu einer Änderung kommt. Denn wenn der vorformulierte Text geändert wird, fehlt es schon an der Voraussetzung einer für eine Vielzahl von Verträgen vorformulierten Vertragsbedingung i. S. von § 305 Abs. 1 S. 1 BGB. Vgl. auch die Regierungsbegründung zum AGBG, BT-Drs. 7/3919, 17: „Andererseits ist eine Änderung des vom Klauselverwender ursprünglich vorgeschlagenen Wortlauts der Vertragsbestimmungen keineswegs Voraussetzung für die Annahme einer Individualvereinbarung."

38 BGH NJW 1991, 1678, 1679; Abels/Lieb (Hrsg.)/Lieb, AGB im Spannungsfeld zwischen Kautelarpraxis und Rechtsprechung, 2007, S. 116; Ulmer/Brandner/Hensen/Ulmer, AGB-Recht, § 305 Rn 49; Wolf/Lindacher/Pfeiffer/Pfeiffer, AGB-Recht, § 305 Rn 37.

39 BGH NJW 1992, 2283, 2285. So auch Lischek/Mahnken ZIP 2007, 158, 161; Rabe, Die Auswirkungen des AGB-Gesetzes auf den kaufmännischen Verkehr, NJW 1987, 1978, 1980;

Kunde müsste abschätzen, mit wie hoher Wahrscheinlichkeit die Klausel im Rahmen der Vertragsdurchführung zum Tragen kommen wird und wie groß die Nachteile sind, die ihm in diesem Fall durch die Klausel im Vergleich mit alternativen Gestaltungen drohen. Diese Feststellungen erfordern einen wesentlich höheren Aufwand als das Ermitteln des Klauselinhalts. Dieser Aufwand wird sich für den Kunden oft nur lohnen, wenn er die Klausel inhaltlich beeinflussen kann. Steht er dagegen vor der Alternative, entweder den Vertrag mit der Klausel zu akzeptieren oder auf ihn zu verzichten, wird es häufig sinnvoll sein, diese Entscheidung aufgrund der übrigen Vertragsparameter (insbesondere der vereinbarten Hauptleistungen) zu treffen, ohne weiter über die Klausel nachzudenken. Es liegt damit genau die Situation vor, in der eine Inhaltskontrolle nötig ist.

Hinzu kommt ein gesetzessystematisches Argument: Das Gesetz trennt zwischen nicht überraschenden Klauseln, die Vertragsbestandteil werden können (§ 305c Abs. 1 BGB), und im Einzelnen ausgehandelten Klauseln, die der Inhaltskontrolle entzogen sind (§ 305 Abs. 1 S. 3 BGB). Die bloße Tatsache, dass der Vertragspartner mit einer Klausel rechnen muss, ändert also nichts an ihrer Kontrollfähigkeit. So können objektiv ungewöhnliche Klauseln durch einen besonderen Hinweis ihren Überraschungscharakter verlieren und Vertragsbestandteil werden, sie bleiben aber der Inhaltskontrolle unterworfen. Nach der Systematik – wie auch nach dem Wortlaut – muss daher ein Aushandeln mehr sein als bloßes Kennen.

3. Unangemessene Benachteiligung (§ 307 Abs. 1 und 2 BGB)

Als Ansatzpunkt zu einer Beschränkung der AGB-Kontrolle bei bedeutenden Geschäften verbleibt damit der Maßstab der Unangemessenheit i. S. von § 307 Abs. 1 und 2 BGB. Auch er scheint auf den ersten Blick wenig tauglich, hängt doch das Ausmaß der Benachteiligung gegenüber dem dispositiven Recht nicht vom Volumen des betreffenden Geschäfts ab. Doch muss man sich vor Augen halten, dass § 307 BGB nur dann praktisch relevant ist, wenn eine entsprechende Individualvereinbarung wirksam wäre, *inhaltlich* an der Vereinbarung also letztlich nichts auszusetzen ist. Die unangemessene Benachteiligung muss daher daraus resultieren, dass die Vereinbarung gerade durch AGB Vertragsbestandteil werden soll. Die Klausel ist also nicht deshalb unwirksam, weil sie dem Vertragspartner Risiken oder Kosten auferlegt, die ihm nicht auferlegt werden dürfen, sondern weil sie dies auf eine Weise tut, dass er sich dieser Risiken oder Kosten nicht hinreichend bewusst sein wird und dadurch seine Entscheidung über den Vertragsschluss verfälscht wird.

Daraus folgt zum einen, dass eine Inhaltskontrolle verfehlt ist, wenn sich der Vertragspartner tatsächlich über die Konsequenzen der Klausel im Klaren war – deshalb nimmt § 305 Abs. 1 S. 3 BGB im einzelnen ausgehandelte Klauseln aus dem AGB-Begriff und damit der Inhaltskontrolle aus. Daraus folgt aber zum zweiten, dass eine Inhaltskontrolle auch dann verfehlt ist, wenn sich der Vertragspartner über die Konnung schon deshalb nicht in den Vertragsinhalt eingreifen, weil ein Selbstschutz passgenauer wirken kann als der notwendig generalisierende Schutz durch eine richterliche Inhaltskontrolle.

Von Unternehmern ist zu erwarten, dass sie prinzipiell ihre Interessen eigenverantwortlich wahrnehmen; das folgt beispielsweise aus der – nur aus historischen Gründen auf Kaufleute beschränkten – Formfreiheit der Bürgschaft nach § 350 HGB. Die Inhaltskontrolle von AGB im unternehmerischen Geschäftsverkehr ist – wie gezeigt – nur gerechtfertigt, weil hier ein Selbstschutz normalerweise ineffizient wäre und deshalb auch von rational handelnden Unternehmern nicht zu erwarten ist. Wenn jedoch aufgrund der Bedeutung des Geschäfts eine eingehende Analyse der AGB vor Vertragsschluss lohnt, ist die Inhaltskontrolle nicht mehr erforderlich. Eine unangemessene Benachteiligung des Vertragspartners scheidet schon deshalb aus, weil von diesem erwartet werden kann, die einzelnen Klauseln abzuwägen und gegebenenfalls vom Vertragsschluss abzusehen.[40]

Im unternehmerischen Verkehr sollten die Gerichte daher bei Verträgen von einem Volumen, das eine eingehende vorherige Analyse der AGB gebietet, von einer Inhaltskontrolle absehen. Einzig am Transparenzgebot des § 307 Abs. 1 S. 2 BGB sollten derartige Verträge gemessen werden, denn einerseits erleichtert eine transparente Gestaltung der AGB ihre Analyse und andererseits kann der Verwender an einer intransparenten Gestaltung keinerlei schützenswertes Interesse haben; so ist nach § 307 Abs. 3 S. 2 BGB auch die Festlegung der Hauptleistungen, die der Vertragspartner bei seiner Entscheidung über den Vertragsschluss auf jeden Fall berücksichtigen wird und die deshalb der Inhaltskontrolle entzogen ist, dem Transparenzgebot unterworfen.

Ab welcher Grenze genau eine Inhaltskontrolle unterbleiben sollte, ist schwer festzulegen. Die Grenze sollte jedenfalls so hoch gelegt werden, dass nur eindeutige Fälle aus der Inhaltskontrolle ausgenommen werden. Sinnvoll wäre, wenn der Gesetzgeber selbst – in § 307 Abs. 3 BGB – eine Grenze festlegen würde, um eine Hypertrophie der Inhaltskontrolle zu vermeiden.

Die hier vorgeschlagene Beschränkung der Inhaltskontrolle schon *de lege lata* mag kühn sein, lässt sich aber – wie gezeigt – mit der Ratio der Inhaltskontrolle gut rechtfertigen. Ein weiteres Argument lässt sich aus § 310 Abs. 1 S. 2 BGB herleiten, nach dem im unternehmerischen Geschäftsverkehr bei der Inhaltskontrolle auf die im Handelsverkehr geltenden Gewohnheiten und Gebräuche angemessen Rücksicht zu nehmen ist. Der Norm geht es nicht darum, Handelsbräuche berücksichtigungsfä-

40 Berger ZIP 2006, 2149, 2155 und Berger/Kleine, AGB-Kontrolle im unternehmerischen Geschäftsverkehr, BB 2007, 2137, 2139 f. wollen dagegen nicht nach der Bedeutung des Geschäfts, sondern nach der Schutzbedürftigkeit einzelner Gruppen von Unternehmern differenzieren und diese sowohl unter dem Aspekt des Aushandelns als auch im Rahmen der Inhaltskontrolle berücksichtigen; dagegen Graf v. Westphalen ZIP 2007, 149, 156 f.; Lenkaitis/Löwisch, Zur Inhaltskontrolle von AGB im unternehmerischen Geschäftsverkehr – Ein Plädoyer für eine dogmatische Korrektur, ZIP 2009, 441, 447. Für die Möglichkeit, zwischen

hig zu machen[41]; dass diese im Rahmen der Angemessenheitsprüfung nach § 307 BGB berücksichtigt werden können, versteht sich von selbst[42]. Wie die Entstehungsgeschichte zeigt, sollte vielmehr die für den Handelsverkehr notwendige Flexibilität betont werden.[43] Die Erkenntnis, wie wichtig solche Flexibilität ist, ging leider in mehr als dreißig Jahren Anwendung des AGB-Rechts zunehmend verloren. Die Rechtsprechung tendiert häufig zur Gleichbehandlung von unternehmerischem und privatem Geschäftsverkehr.[44] Während § 310 Abs. 1 S. 2 Hs. 1 BGB lediglich den Gegenschluss verbietet, dass unter die Klauselkataloge der §§ 308, 309 BGB fallende Bestimmungen im unternehmerischen Geschäftsverkehr immer wirksam sind, nimmt heute die herrschende Meinung eine Indizwirkung der Klauselkataloge für den unternehmerischen Geschäftsverkehr an: Erhebliche Abweichungen von demjenigen, was die Kataloge gestatteten, seien nur dann zulässig, wenn sie im Hinblick auf besondere Bedürfnisse des betreffenden Geschäftsbereichs angemessen seien.[45] Hier wird eine wichtige Differenzierungsmöglichkeit vergeben und ein wichtiger Unterschied vernachlässigt: Im Gegensatz zu Verbrauchern kann von Unternehmern prinzipiell erwartet werden, dass sie sich selbst schützen. Immer dann, wenn dieser Selbstschutz nicht an zu hohen Transaktionskosten scheitert, ist ein Schutz von Unternehmern durch die Inhaltskontrolle daher verfehlt.[46] Bei Geschäften großen Umfangs sollte die Inhaltskontrolle daher auf eine Transparenzkontrolle beschränkt werden.

V. Fazit

Für die Lieferkette bleibt ein teils ernüchternder, teils ermutigender Befund: Die Tatsache allein, dass ein Unternehmer in einer Lieferkette steht und ihm eine Regressfalle droht, rechtfertigt nicht, ihm größeren Spielraum bei der Verwendung von

41 So aber MüKo/Basedow, § 310 Rn 10.

42 Lutz, AGB-Kontrolle im Handelsverkehr unter Berücksichtigung der Klauselverbote, 1991, S. 14; Rabe NJW 1987, 1978, 1983; Staudinger/Schlosser, § 310 Rn 13.

43 Siehe das Zitat aus dem Protokoll des Rechtsausschusses bei Rabe NJW 1987, 1978, 1983 sowie die Regierungsbegründung zum AGBG, BT-Drs. 7/3919, 43 und – im Rahmen der Schuldrechtsreform – die Gegenäußerung der Bundesregierung, BT-Drs. 14/6857, 54.

44 Ulmer/Brandner/Hensen/Fuchs, AGB-Recht, § 307 Rn 373. Kritisch Berger/Kleine BB 2007, 2137, 2138; Lenkaitis/Löwisch ZIP 2009, 441, 443.

45 BGH NJW 1984, 1750, 1751; BGH NJW 1988, 1785, 1788; BGH NJW-RR 2005, 247, 248; Lutz, AGB-Kontrolle im Handelsverkehr unter Berücksichtigung der Klauselverbote, 1991, S. 23 ff. (in Bezug auf einzelne Klauselverbote); MüKo/Kieninger, § 307 Rn 72; Staudinger/Schlosser, § 310 Rn 12; Ulmer/Brandner/Hensen/Ulmer, AGB-Recht, § 310 Rn 27. Zurückhaltend Berger ZIP 2006, 2149, 2153 ff.; Ulmer/Brandner/Hensen/Fuchs, AGB-Recht, § 307 Rn 382. Ablehnend Bunte, Zehn Jahre AGB-Gesetz – Rückblick und Ausblick, NJW 1987, 921, 925; Lenkaitis/Löwisch ZIP 2009, 441, 445; Rabe NJW 1987, 1978, 1982; Wolf/Lindacher/Pfeiffer/Wolf, AGB-Recht, § 310 Abs. 1 Rn 22 f.

AGB einzuräumen. Insbesondere kann der AGB-Begriff nicht eingeschränkt werden – sei es über das Merkmal der Vorformulierung für eine Vielzahl von Verträgen, sei es über das Merkmal des individuellen Aushandelns –, um Regressfallen zu vermeiden. Unternehmer sollten daher bei Abschluss des Vertrags mit ihrem Nachmann in der Kette darauf achten, nur solche Bedingungen individualvertraglich zu vereinbaren, die bei Verwendung gegenüber ihrem Vormann einer AGB-Kontrolle standhalten.

Geht es allerdings in der Lieferkette (wie auch außerhalb von Lieferketten) um ein Geschäft bedeutenden Ausmaßes, ist nur eine Transparenzkontrolle vorzunehmen, so dass unproblematisch individualvertragliche Vereinbarungen mit dem Nachmann in gegenüber dem Vormann verwendeten AGB gespiegelt werden können.

Zum Schluss möchte ich auf eine Entscheidung des LG Köln aus dem Jahr 1986 hinweisen, die völlig vereinzelt geblieben ist und in der Literatur als „überaus betrüblich" gescholten wurde[47]. Ein Investor hatte im Weg eines Einmannbauherrenmodells eine Wohnanlage für über 53 Mio. DM errichtet und dabei hohe Verluste erlitten. Er nahm den Treuhänder auf Schadensersatz in Anspruch, der sich auf die in seinen AGB enthaltene Verjährungsregel berief. Das LG Köln stellte fest, das AGB-Recht finde keine Anwendung, wenn der Kunde aufgrund seiner wirtschaftlichen Macht und aufgrund des Umfangs des vorgenommenen Geschäfts grundsätzlich in der Lage sei, seine Interessen in das Vertragsverhältnis bestimmend einzubringen und dadurch Einfluss auf die Gestaltung des Vertrages zu nehmen, auch wenn er von seinen Einflussmöglichkeiten keinen Gebrauch mache. „Es ist nicht Aufgabe des Gesetzgebers und der Rechtsprechung, vertragliche Versäumnisse … zu korrigieren, wenn sie sich einmal nachteilig auswirken."[48] Wenn man davon absieht, dass das LG Köln zu Unrecht auf die wirtschaftliche Macht abgestellt hat, hat es den Nagel auf den Kopf getroffen.

Vertragsstrafe und AGB-rechtliche Inhaltskontrolle

Dr. Thomas Derlin, LL.M.*

I. Praktische Bedeutung und Interessenlage

Die Vertragsstrafe spielt in der unternehmerischen Praxis eine große Rolle. Wohl am häufigsten anzutreffen sind Vertragsstrafen für Verzug, aber auch Vertragsstrafen für die Nichteinhaltung von Spezifikationen werden oft vereinbart.[1] Im IT-Bereich finden sich Vertragsstrafen z.B. für den Fall, dass in so genannten Service-Level-

* Der Autor ist Rechtsanwalt im Kölner Büro der Freshfields Bruckhaus Deringer LLP. Der Aufsatz gibt ausschließlich seine persönliche Meinung wieder. Erstveröffentlichung in MDR 2009, 597 ff.

Agreements festgelegte Reaktionszeiten nicht eingehalten oder eine dort garantierte Verfügbarkeit von Diensten nicht erreicht wird.[2] Ferner sehen Unternehmenskaufverträge für den Fall der Verletzung von Geheimhaltungspflichten und/oder Wettbewerbsverboten häufig die Zahlung einer Vertragsstrafe vor.

Das Interesse des Auftraggebers liegt bei der Vereinbarung von Vertragsstrafen in erster Linie darin, sicherzustellen, dass der Auftragnehmer rechtzeitig und spezifikationsgerecht leistet. Demgegenüber ist für den Auftraggeber das Interesse an einer Kompensation im Falle nicht rechtzeitiger oder nicht spezifikationsgerechter Leistung durch den Auftragnehmer eher zweitrangig, wenn auch nicht unbedeutend.

Der Auftragnehmer seinerseits stimmt einer Vertragsstrafe nicht selten deshalb zu, weil er weiß, dass eine solche Vereinbarung das Vertrauen des Auftraggebers in seine Leistungsfähigkeit erhöht und er so seine Chancen, den Auftrag zu erhalten, substantiell verbessert.

Auch bei Wettbewerbsverboten und Geheimhaltungspflichten geht es den Parteien in erster Linie darum, durch die Vereinbarung einer Vertragsstrafe deren Einhaltung sicherzustellen.

Die AGB-rechtliche Inhaltskontrolle findet bei Vertragsstrafen häufig Anwendung, denn oft handelt es sich bei Vertragsstrafenregelungen um für eine Vielzahl von Fällen vorformulierte Klauseln, die nicht im Einzelnen ausgehandelt werden. Dabei sind die hohen Anforderungen zu beachten, welche die Rechtsprechung auch im Unternehmerverkehr an ein individuelles Aushandeln stellt.[3] Ferner ist zu beachten, dass es für das Eingreifen der AGB-rechtlichen Inhaltskontrolle keinen Unterschied macht, ob solche Klauseln in dem Vertrag als Anhang beigefügten allgemeinen Geschäftsbedingungen oder in dem Vertrag selbst enthalten sind.[4] Unerheblich ist auch, ob andere Klauseln des Vertrags individuell ausgehandelt wurden, denn der AGB-Charakter der übrigen Klauseln bleibt hiervon unberührt.[5] Selbst in Unter-

2 Hierzu Schumacher, Service Level Agreements: Schwerpunkt bei IT- und Telekommunikationsverträgen, MMR 2006, 12, 15; vgl. auch Polenz, Neues zum Subunternehmervertrag im IT-Recht, CR 2008, 685, 685 ff.

3 Hierzu BGH NJW 1977, 624, 625; BGH NJW 1991, 1678, 1679; BGH NJW 1992, 1107, 1107; BGH NJW 2000, 1110, 1111; BGH NJW 2005, 2543, 2544; BAG NZA 2008, 219, 220; ausführlich: Gottschalk, Neues zur Abgrenzung zwischen AGB und Individualabrede, NJW 2005, 2493, 2494 f.; Berger, Abschied von der Privatautonomie im unternehmerischen Geschäftsverkehr?, ZIP 2006, 2149, 2149 ff.; noch weitergehend: Diehr ZfBR 2008, 768, 770, der ein individuelles Aushandeln von Vertragsstrafeklauseln praktisch für nicht mehr möglich hält.

4 Z.B. BGH NJW-RR 2007, 1703, 1703 ff.; BGH NJW 2006, 47, 47 ff.; BGH NJW 2008, 3055, 3055 ff.; Palandt/Grüneberg, § 307 Rn 68 ff., insbes. Rn 102, 114; Wolf/Lindacher/Pfeiffer/Pfeiffer, AGB-Recht, Einl Rn 18; Ulmer/Brandner/Hensen/Ulmer, AGB-Recht, § 305 Rn 37.

5 BGH NJW 1982, 2309, 2309; BGH NJW 1986, 1803, 1803; BGH NJW 1997, 135, 135; Bo-

nehmenskaufverträgen vereinbarte Vertragsstrafen sind häufig nicht im Einzelnen ausgehandelt und unterfallen deshalb der AGB-rechtlichen Inhaltskontrolle.[6]

II. Funktionen der Vertragsstrafe nach der gesetzlichen Regelung

Nach der gesetzlichen Regelung hat die Vertragsstrafe eine Doppelfunktion:[7]

Zum einen soll sie Druck auf den Schuldner ausüben, seine Leistung ordnungsgemäß zu erbringen, zum anderen soll die Vertragsstrafe dem Gläubiger den Ersatz von Schäden, welche ihm durch die Verletzung der sanktionierten Vertragspflicht entstehen, auf einfachem Weg ermöglichen. Denn bis zur Höhe der Vertragsstrafe kann sich der Gläubiger beim Schuldner schadlos halten, ohne dass ein Einzelnachweis erforderlich wäre.[8]

Wichtig ist allerdings in diesem Zusammenhang, dass der Gläubiger gem. §§ 340 Abs. 2, 341 Abs. 2 BGB über die Vertragsstrafe hinaus nur den weiteren Schaden ersetzt verlangen kann. Es besteht also nach der gesetzlichen Regelung ein Anrechnungsgebot und ein Kumulierungsverbot.[9] Hierdurch wird die Druckfunktion eingeschränkt, denn der Schuldner weiß, dass die Vertragsstrafe stets auf einen etwaigen Schadenersatzanspruch anzurechnen ist und er deshalb in vielen Fällen nicht schlechter stehen wird als bei einem reinen Schadenersatzanspruch.

Anders liegt es allerdings dann, wenn dem Gläubiger überhaupt kein Schaden oder ein Schaden in wesentlich geringerer Höhe als der Vertragsstrafenhöhe entstanden ist. Hierauf kann sich der Schuldner dann nicht berufen; er muss die Vertragsstrafe trotzdem zahlen.

III. AGB-rechtlich zulässige Vereinbarungen

Vier Punkten ist besondere Aufmerksamkeit zu schenken, wenn die vereinbarte Vertragsstrafe einer AGB-rechtlichen Inhaltskontrolle standhalten soll: Der Vertragsstrafenhöhe, dem Anrechnungszwang, dem Verschuldenserfordernis und dem Erfordernis des Vorbehalts der Vertragsstrafe bei Annahme der Leistung als Erfüllung.

6 Ausführlich zur Diskussion über die Zulässigkeit der AGB-rechtlichen Inhaltskontrolle bei Unternehmenskaufverträgen Leuschner, Gebotenheit und Grenzen der AGB Kontrolle, AcP 207 (2007),491, 492 ff.

7 Ausführlich Köhler, Vertragsstrafe und Schadensersatz, GRUR 1996, 260, 260 ff.

8 BGH NJW 2000, 2106, 2107.

9 BGH NJW 2008, 2840, 2842 f.; Wolf/Lindacher/Pfeiffer/Dammann, AGB-Recht, § 309 Nr. 6

1. Vertragsstrafenhöhe

a) Obergrenze

Die Rechtsprechung hat lange Zeit vertreten, dass die Vertragsstrafe insgesamt 10 % der Auftragssumme nicht überschreiten darf.[10]

Jedoch gilt seit einer Entscheidung des BGH aus dem Jahre 2003 jedenfalls in der Baubranche nunmehr eine Obergrenze von 5 % der Auftragssumme.[11] Der BGH begründete diesen Wechsel in seiner Rechtsprechung damit, dass der Auftragnehmer durch den Verlust von über 5 % seines Vergütungsanspruchs unangemessen belastet werde. Denn in vielen Fällen würde er dadurch nicht nur seinen Gewinn verlieren, sondern auch einen spürbaren Verlust erleiden; ein generell nicht einkalkulierter Verlust von über 5 % der Auftragssumme könne sich ganz erheblich auf die Liquidität des Auftragnehmers auswirken. Dagegen könne bei einer Vertragsstrafe von bis zu 5 % generell davon ausgegangen werden, dass Druck- und Kompensationsfunktion der Vertragsstrafe ausreichend erfüllt würden.[12]

Die Konsequenzen dieser Entscheidung außerhalb der Baubranche sind noch nicht abschließend geklärt.[13] Richtigerweise sind die Erwägungen des BGH in dieser Entscheidung auf andere Branchen nicht ohne weiteres übertragbar.[14] Denn Gewinnmargen und die Liquiditätssituation sind in anderen Branchen nicht selten ganz anders. Zudem kann jedenfalls außerhalb der Baubranche auch nicht ohne weiteres davon ausgegangen werden, dass bei einer Vertragsstrafe von bis zu 5 % die Kompensationsfunktion ausreichend erfüllt ist; denn eine Vertragsstrafe von maximal 5 % deckt in vielen Branchen nur einen sehr geringen Teil des durch den Verzug des Auftragnehmers typischerweise entstehenden Schadens ab.

Zuzugeben ist allerdings, dass sich die Praxis zumeist auch außerhalb der Baubranche an dieser 5 %-Grenze orientiert. Bis zur höchstrichterlichen Klärung, ob und inwieweit diese Entscheidung auf andere Branchen übertragbar ist, ist dies in der Regel auch empfehlenswert. Allerdings hat der BGH für gewerbliche Mietver-

10 Z.B. BGH NJW 1987, 380, 380.

11 BGH NJW 2003, 1805, 1808; NJW-RR 2004, 1463, 1463. Zu beachten ist nach BGH NJW-RR 2008, 615, 616, dass in der Vertragsstrafenklausel die Bezugsgröße wegen des AGB-rechtlichen Transparenzgebots eindeutig festgelegt sein muss. Insbesondere sollten in der Klausel nicht mehrere Begriffe verwendet werden (z.B. neben „Auftragssumme" der Begriff „Schlussrechnungssumme"); hierzu auch Diehr ZfBR 2008, 768, 771.

12 BGH NJW 2003, 1805, 1808; zustimmend Ulmer/Brandner/Hensen/Hensen, AGB-Recht, § 309 Nr. 6 Rn 20; Roquette/Laumann, AGB-Vertragsstrafen dürfen 5 % der Auftragssumme nicht überschreiten - Vertrauensschutz für Altfälle orientiert sich an der Auftragssumme, BauR 2003, 1271, 1271; ablehnend Pauly, Aktuelle Entwicklungen zur Wirksamkeit einer Vertragsstrafe, MDR 2005, 781, 783; Wolter, Neue Obergrenze für Vertragsstrafe in AGB, BauR 2003, 1274, 1275 ff.; kritisch auch v. Gehlen, Angemessene Vertragsstrafe wegen Verzugs im Bau- und Industrieanlagenbauvertrag, NJW 2003, 2961, 2962.

13 Dazu Staudinger/Coester-Waltjen, § 309 Nr. 6 Rn 24; zum Rückgriff auf baurechtliche

träge die Übertragbarkeit der Rechtsprechung zur AGB-rechtlichen Inhaltskontrolle von Bauverträgen abgelehnt und eine in einem Gewerbemietvertrag über ein zu errichtendes Gebäude vereinbarte Vertragsstrafe für jeden Tag der Überschreitung des vereinbarten Mietbeginns AGB-rechtlich nicht beanstandet, obwohl die Vertragsstrafenregelung keine zeitliche Begrenzung (und damit keine Obergrenze) enthielt.[15]

Teilweise wird vorgeschlagen, außerhalb der Baubranche eine Obergrenze von 10 % der Auftragssumme zu vereinbaren, es jedoch zuzulassen, dass ein Gericht die Höchstsumme bis zu einem Minimum von 5 % der Auftragssumme reduzieren kann, wenn und soweit die Vertragsstrafenhöhe sonst nicht angemessen wäre.[16] Von einer solchen Regelung ist abzuraten, denn mit dem AGB-rechtlichen Transparenzgebot wäre eine solche Klausel kaum zu vereinbaren.[17]

Denkbar scheint es jedoch, wenn auch mit einem gewissen Risiko behaftet, in Branchen, in denen die Gewinnmargen typischerweise groß sind, die Liquiditätssituation der Unternehmen grundsätzlich gut ist und Verzögerungsschäden sehr häufig 5 % der Auftragssumme überschreiten, den Prozentsatz von 5 % moderat anzuheben.

Bei Vertragsstrafen für Verstöße gegen Wettbewerbsverbote und Geheimhaltungspflichten darf die Höhe der Vertragsstrafe nicht den Betrag übersteigen, welcher dem Vertragsstrafengläubiger durch den Verstoß voraussichtlich als Schaden entstehen würde.[18] Zu berücksichtigen ist dabei insbesondere auch der dem Vertragsstrafengläubiger auf Basis der eigenen berechtigten Gewinnerwartung durch den Verstoß voraussichtlich entgehende Gewinn.[19] Der BGH hat mehrfach Vertragsstrafen für Verstöße gegen Wettbewerbsverbote für unwirksam erklärt, weil die vereinbarte Vertragsstrafenhöhe nicht schadensangemessen war.[20]

b) Tagessatzhöhe

Nach der Rechtsprechung muss bei der Höhe der Tagessätze insbesondere darauf geachtet werden, dass nicht in wenigen Tagen der Gewinn des Auftragnehmers ganz oder zu einem erheblichen Teil in unangemessener Höhe abgeschöpft wird. Der Auftragnehmer muss zudem Zeit haben, zu reagieren und die Verwirkung der Vertragsstrafe zu vermeiden. Außerdem muss sich die Vertragsstrafe in dem Bereich voraussichtlicher Schäden halten.[21] Das ist nach der Rechtsprechung nicht der Fall,

15 BGH NJW 2003, 2158, 2161.
16 Auer-Reinsdorff, Vertragsstrafenregelungen in IT-Projekten, ITRB 2005, 242, 243.
17 Zum AGB-rechtlichen Transparenzgebot Ulmer/Brandner/Hensen/Fuchs, AGB-Recht, § 307 Rn 323 ff.
18 BGH NJW-RR 1990, 1076, 1077; BGH BB 1993, 818, 820; BGH BB 1998, 1554, 1555.
19 BGH NJW-RR 1990, 1076, 1077; BGH BB 1998, 1554, 1555.

wenn z.B. ein Tagessatz von 0,5 % gewählt wird, da Nachteile in Höhe von 5 % der Auftragssumme nicht innerhalb von 10 Arbeitstagen entstünden.[22]

Nach dem gegenwärtigen Stand lässt sich sagen, dass 0,3 % der Auftragssumme pro Arbeitstag[23] und sogar pro Werktag[24] zulässig sind und auch 0,2 % pro Kalendertag.[25]

Auch diese höchstrichterlichen Vorgaben beziehen sich auf die Baubranche. Es ist zweifelhaft, ob sie auf andere Branchen ohne weiteres übertragbar sind. Insbesondere können verspätete Leistungen in anderen Branchen möglicherweise schneller nachgeholt werden. Ferner ist zumindest außerhalb der Baubranche der Eintritt von Schäden in Höhe von 5 % der Auftragssumme innerhalb von kurzen Zeiträumen sehr wohl möglich, wenn nicht sogar typisch. Trotzdem orientiert sich die Praxis zumeist auch außerhalb der Baubranche an diesen Tagessätzen. Das ist bis zur höchstrichterlichen Klärung, ob diese Vorgaben auf andere Branchen übertragbar sind, in der Regel auch empfehlenswert.

c) Pönalisierung der Nichteinhaltung von Zwischenterminen

Häufig diskutiert wurde in letzter Zeit die Frage, ob und inwieweit die Nichteinhaltung von Zwischenterminen mit einer Vertragsstrafe belegt werden kann.[26]

Der BGH hat Bedenken dagegen geäußert, die Nichteinhaltung von Zwischenterminen mit einer Vertragsstrafe zu belegen, wenn Zwischentermine nur geringfügig überschritten werden und durch die Kumulierung der Einzelstrafen trotz Einhaltung des Endtermins innerhalb weniger Tage die gesamte Vertragsstrafe verwirkt wird.[27] Werden z.B. bei einem aus zahlreichen Teilwerken bzw. -leistungen bestehenden Gesamtwerk über 50 Einzelfristen jeweils mit einer Vertragsstrafe für den Fall ihrer Nichteinhaltung belegt, so wäre die Obergrenze von 5 % bei einem Tagessatz von 0,2 % der Auftragssumme pro Tag bereits dann erreicht, wenn der Auftragnehmer mit der Einhaltung der Hälfte dieser Fristen mit jeweils einem Tag in Verzug geraten ist und zwar unabhängig davon, ob er den Endtermin eingehalten hat.

Es kann der Rechtsprechung nicht abgesprochen werden, dass eine solche Vertragsstrafenregelung zu erheblichen Härten für den Auftragnehmer führen kann.

22 BGH NJW 1983, 385, 387; BGH NJW-RR 2002, 806, 807.

23 BGH NJW 1976, 2259, 2259.

24 BGH NJW 1999, 1108, 1108 f.; bestätigt durch BGH NJW-RR 2008, 615, 616; dazu jüngst Diehr ZfBR 2008, 768, 770 f.; anders noch BGH NJW 1979, 212, 212 f., worin 0,2 % der Auftragssumme pro Werktag als zulässige Obergrenze angesehen wurde.

25 BGH NJW-RR 2001, 738, 738 f.

26 Z.B. Auer-Reinsdorff ITRB 2005, 242, 243; Diehr ZfBR 2008, 768, 771; v. Gehlen NJW 2003, 2961, 2961.

27 Vgl. BGH NJW 1999, 1108, 1109; BGH NJW-RR 2001, 738, 738; siehe auch OLG Bremen

Dies gilt insbesondere für die Fälle, in denen zwar einige Zwischenfristen geringfügig überschritten werden, wohl aber der Endtermin eingehalten wird.

Für den Praktiker stellt sich in erster Linie die Frage, wie eine entsprechende Vertragsstrafenregelung nach den Vorgaben der Rechtsprechung gestaltet werden kann. Der Auftraggeber hat in vielen Fällen durchaus ein anerkennenswertes Interesse daran, die Nichteinhaltung von Zwischenterminen mit einer Vertragsstrafe zu belegen. Dies gilt insbesondere dann, wenn es sich bei den Zwischenterminen um so genannte kritische Pfade handelt. Deren Nichteinhaltung kann, selbst dann, wenn der Endtermin letztlich eingehalten wird, erhebliche Schäden beim Auftraggeber verursachen.

Wird bei der Sanktionierung der Nichteinhaltung von Zwischenterminen die Gesamtauftragssumme als Bezugsgröße für die Vertragsstrafe gewählt, so müssen bei der Klauselfassung zahlreiche Gesichtspunkte beachtet werden.[28] Aber selbst dann ist nach den Vorgaben der Rechtsprechung nicht sicher, ob eine solche Klausel der AGB-rechtlichen Inhaltskontrolle standhält.[29]

Sicherer ist es (ohne jedoch eine Garantie für die AGB-rechtliche Wirksamkeit geben zu können), als Bezugsgröße für eine solche Vertragsstrafe den Wert der tatsächlich rückständigen Leistung zu wählen. Freilich sollte dann darauf geachtet werden, dass den jeweiligen Teilleistungen des Vertrags möglichst ein Wert zugeordnet ist oder sich der Wert auf der Grundlage der vertraglichen Regelung zumindest ermitteln lässt.

Ferner sollte vereinbart werden, dass die Vertragsstrafe entfällt oder erheblich reduziert wird, wenn der Auftragnehmer den Endtermin trotz Nichteinhaltung von Zwischenterminen einhält. Ein vollständiger Entfall der Vertragsstrafe bei Einhaltung des Endtermins sollte insbesondere dann erwogen werden, wenn bei typisierender Betrachtungsweise dem Auftraggeber durch die Nichteinhaltung von Zwischenterminen kein Schaden droht, sofern der Endtermin eingehalten wird.

Schließlich muss auch hier stets eine Obergrenze festgelegt sein. Es sollte dabei ausdrücklich klargestellt werden, dass die Obergrenze die Summe aller Vertragsstrafen, einschließlich der Vertragsstrafe wegen Nichteinhaltung des Endtermins, begrenzt.

2. Anrechungszwang

Was die Möglichkeit der standardvertraglichen Abbedingung des Anrechnungszwangs angeht, ist die Rechtsprechung seit geraumer Zeit außerordentlich strikt. Eine solche Abbedingung ist nach ihrer Auffassung unzulässig.[30] Es besteht insoweit keinerlei Gestaltungsspielraum. Der BGH geht dabei davon aus, dass der Auftragge-

28 Weiterführend Pauly MDR 2005, 781, 783.
29 Formulierungsbeispiel bei Auer-Reinsdorff ITRB 2005, 242, 243.

ber zwar vollen Ersatz erhalten, nicht aber darüber hinaus bereichert werden soll. Die Interessen des Auftraggebers seien bei einer Anrechnung ausreichend gewahrt. Für Schäden, welche die Vertragsstrafe übersteigen, bestehe die Möglichkeit der Schadenspauschalierung.[31]

Es ist zweifelhaft, ob insbesondere das Erfüllungsinteresse des Auftraggebers bei einer Anrechnung ausreichend gewahrt ist. Der Anrechnungszwang schränkt die Druckfunktion der Vertragsstrafe erheblich ein. Da in der unternehmerischen Praxis das mit der Vertragsstrafe verfolgte primäre Interesse die Sicherstellung rechtzeitiger und spezifikationsgerechter Erfüllung durch den Auftragnehmer ist – und eben nicht, vom Auftragnehmer eine Kompensation für den Fall nicht rechtzeitiger oder nicht spezifikationsgerechter Erfüllung zu erhalten – wird der Verweis des BGH auf die Möglichkeit der Schadenspauschalierung für die Schäden, welche die Vertragsstrafe übersteigen,[32] der Interessenlage im Unternehmerverkehr nicht gerecht. Wünschenswert und erforderlich wäre es, im Unternehmerverkehr die Kumulierung von Vertragsstrafe und Schadenersatz zumindest teilweise zuzulassen.

Nach den gegenwärtigen Vorgaben der Rechtsprechung ist das Risiko für den Auftragnehmer dagegen sehr überschaubar. Das Kumulierungsverbot in Kombination mit einer maximal zulässigen Obergrenze in Höhe von 5 % führt in vielen Fällen dazu, dass der Vertragsstrafe die Druckfunktion fast vollständig genommen wird. Sicherlich soll die Vertragsstrafe kein Instrument selbständiger Geldschöpfung sein und den Auftraggeber nicht unangemessen bereichern. Jedoch würde eine zumindest teilweise Kumulierung von Vertragsstrafe und Schadenersatz den Auftragnehmer trotz Abweichung von der gesetzlichen Regelung nicht unangemessen benachteiligen, sofern sichergestellt ist, dass sich der zusätzlich zum Schadenersatz zu zahlende Betrag in einem angemessenen Bereich bewegt (z.B. dadurch, dass die Vertragsstrafe zur Hälfte weiterhin angerechnet wird).

3. Verschuldenserfordernis

Es ist allgemein anerkannt, dass Vertragsstrafen nur verschuldensabhängig verwirkt werden, es sei denn, es liegt eine hiervon abweichende Vereinbarung zwischen den Parteien vor.[33]

31 BGH NJW 1975, 163, 164 f. Interessant ist in diesem Zusammenhang, dass der BGH die bis zu dieser Entscheidung vorherrschende unternehmerische Praxis, nämlich das Nebeneinander von Vertragsstrafe und Schadenersatz, für rechtlich unerheblich erklärte (NJW 1975, 163, 165); zur Unzulässigkeit der Abbedingung des Anrechungszwangs auch Wolf/Lindacher/Pfeiffer/Dammann, AGB-Recht, § 309 Nr. 6 Rn 104; Ulmer/Brandner/Hensen/Hensen, AGB-Recht, § 309 Nr. 6 Rn 17.

32 BGH NJW 1975, 163, 164 f.

In AGB kann eine verschuldensunabhängige Vertragsstrafe grundsätzlich nicht vereinbart werden.[34] Die Rechtsprechung hat dies bisher nur in wenigen Ausnahmefällen zugelassen, wenn besonders gewichtige Gründe des Verwenders für eine verschuldensunabhängige Vertragsstrafe vorlagen.[35]

Für den Praktiker stellt sich vor allem die Frage, wie er die Vertragsstrafenklausel zu formulieren hat, damit diese von der Rechtsprechung nicht als Vereinbarung einer verschuldensunabhängigen Vertragsstrafe angesehen wird.

Der BGH hat in einem Fall, in dem die Vertragsstrafe nach ihrem Wortlaut verschuldens*un*abhängig formuliert war, angenommen, dass letztlich doch lediglich eine verschuldens*ab*hängige Vertragsstrafe vereinbart worden war.[36] Er kam zu diesem Ergebnis, weil nach dem Sinn und Zweck des dem BGH vorliegenden Vertrags die Vertragsstrafenregelung durch § 11 Nr. 2 VOB/B ergänzt werde.[37] Diese Bestimmung setzt Verzug für die Verwirkung der Vertragsstrafe voraus, und dem Verzugsbegriff ist das Verschuldenserfordernis immanent.

Eine nicht ausdrückliche Erwähnung des Verschuldenserfordernisses in der Vertragsstrafenklausel würde dem Auftraggeber unter Umständen einen taktischen Vorteil verschaffen. Jedoch lag in dem vom BGH entschiedenen Fall die Besonderheit vor, dass nach Sinn und Zweck des Vertrags die einschlägigen Regelungen der VOB/B ergänzend zu der Vertragsstrafenregelung gelten sollten.[38] Dementsprechend hat das OLG Düsseldorf entschieden, dass die Vereinbarung einer verschuldensabhängigen Vertragsstrafe dann nicht anzunehmen ist, wenn lediglich eine nachrangige Geltung der VOB/B vereinbart wurde.[39]

Insgesamt scheint das Risiko der Kassierung der Klausel bei verschuldensunabhängiger Formulierung größer als der damit unter Umständen verbundene taktische Vorteil. Es ist deswegen zu empfehlen, das Verschuldenserfordernis im Wortlaut der Vertragsstrafenregelung zu verankern, zum Beispiel durch die Verwendung des Begriffs „Verzug".

34 So BGH NJW-RR 1991, 1013, 1015; BGH NJW-RR 2008, 615, 616; Wolf/Lindacher/Pfeiffer/Dammann, AGB-Recht, § 309 Nr. 6 Rn 110; Diehr ZfBR 2008, 768, 771; Ulmer/Brandner/Hensen/Hensen, AGB-Recht, § 309 Nr. 6 Rn 18.

35 So BGH NJW 1999, 2662, 2664 für Vertragsstrafeversprechen in Unternehmenskaufverträgen der ehemaligen Treuhandanstalt bezüglich der Einhaltung von Investitions- und Beschäftigungszusagen; BGH NJW 1979, 105, 107 für Konnossementbedingungen im internationalen Seefrachtverkehr.

36 BGH NJW-RR 2004, 1537, 1537; Bestätigung von BGH NJW 2002, 1274.

37 Ausführlich zu Vertragsstrafen nach der VOB: Diehr ZfBR 2008, 768 ff.

38 BGH NJW 2002, 1274, 1275; BGH NJW-RR 2004, 1537, 1538

4. Vorbehalt der Annahme als Erfüllung

Was das Vorbehaltserfordernis (§ 341 Abs. 3 BGB) angeht, ist die Rechtsprechung deutlich weniger streng als beim Anrechnungszwang und dem Verschuldenserfordernis.[40]

Zwar ist eine völlige Abbedingung des Vorbehaltserfordernisses in AGB nicht zulässig; denn der Auftragnehmer soll nicht bis zum Verjährungsablauf im Unklaren darüber bleiben, ob der Auftraggeber die Vertragsstrafe geltend machen will oder nicht.[41] Jedoch ist zumindest in Bauverträgen die Regelung zulässig, dass der Auftraggeber die Vertragsstrafe spätestens bis zur Schlusszahlung geltend machen muss, sich diese also nicht bereits zum Zeitpunkt der Abnahme der Leistung vorbehalten muss.[42]

Dies ist zu begrüßen, denn sehr häufig stellt sich erst bei der Gesamtabrechnung heraus, ob die Verzögerung des Auftragnehmers letztlich einen Schaden verursacht hat oder nicht.[43]

Diese Erwägung trifft auch außerhalb von Bauverträgen zu, sofern Gegenstand des Vertrags ein aus einzelnen Teilen bestehendes Gesamtwerk ist. Auch außerhalb von Bauverträgen sollte eine solche Regelung deshalb insoweit zulässig sein. Allerdings hat die Schlusszahlung in der VOB/B eine besondere Bedeutung. Es ist deshalb nicht sicher, ob der BGH diese Rechtsprechung auf Abschlusszahlungen jenseits des Anwendungsbereichs der VOB/B ausdehnen wird.

Wichtig ist für den Praktiker, dass die Geltendmachung des Vorbehalts auch in einer standardisierten und unterschriebenen Abnahmeniederschrift möglich ist.[44] In jeder standardisierten Abnahmeniederschrift sollte ein solcher Vorbehalt enthalten sein. Sofern im Einzelfall die Vertragsstrafe nicht geltend gemacht werden soll, kann dieser Vorbehalt einfach durchgestrichen werden.

40 Allgemein zum Vertragsstrafenvorbehalt bei der Abnahme Zeitler, Abnahme oder Annahme? Vertragsstrafenvorbehalt der werkvertraglichen Abnahmefiktionen, ZfBR 2007, 216, 216 ff.

41 BGH NJW 1983, 385, 386 f.; Diehr ZfBR 2008, 768, 776.

42 BGH NJW 1979, 212, 213, wonach der Gerechtigkeitsgehalt des § 341 Abs. 3 BGB noch nicht in seinem Kern berührt sei; vgl. auch BGH NJW-RR 2000, 1468, 1468; siehe auch Zeitler ZfBR 2007, 216, 216 ff. für Fälle der Abnahmefiktion gem. § 640 Abs. 2 BGB; Diehr ZfBR 2008, 768, 776, der darauf hinweist, dass auf die Fälligkeit der Schlusszahlung und nicht auf die tatsächliche Schlusszahlung abzustellen ist.

43 So auch BGH NJW 1979, 212, 213; ferner Auer-Reinsdorff ITRB 2005, 242, 244.

IV. Vertragsstrafen in der Lieferkette

1. Keine Möglichkeit einer lückenlosen back-to-back-Vereinbarung

Von großer praktischer Bedeutung ist die Frage, ob und inwieweit Vertragsstrafen in Lieferketten im Wege standardvertraglicher Vereinbarung nach unten weitergereicht werden können.

Für den Auftragnehmer stellt sich nicht selten das Problem, dass sein Vertrag mit dem Auftraggeber, insbesondere auch bezüglich der Vertragsstrafe, individuell ausgehandelt ist. Es wird dabei nicht selten vereinbart, dass (i) die Vertragsstrafe verschuldensunabhängig verwirkt wird, (ii) keine Anrechnung auf einen etwaigen Schadenersatzanspruch erfolgen soll und/oder (iii) die Obergrenze weit über 5 % der Auftragssumme des Hauptvertrags liegt.

Der Auftragnehmer wird zur Erfüllung des Hauptvertrags häufig zahlreiche Verträge mit Subunternehmern abschließen. Bereits aus Effizienzgründen wird es ihm in der Regel nicht möglich sein, sämtliche Subunternehmerverträge – und hierbei auch und gerade die Vertragsstrafenregelung – individuell auszuhandeln. Die mit den Subunternehmern ausgehandelten Verträge unterliegen deshalb sehr häufig der AGB-rechtlichen Inhaltskontrolle. Eine verschuldensunabhängige Haftung, eine Abbedingung des Anrechnungszwanges sowie die Vereinbarung einer Obergrenze von mehr als 5 % der Auftragssumme sind in solchen Fällen nicht möglich.

Selbst aber, wenn sowohl oben als auch unten AGB-Verträge vorliegen sollten, ergibt sich bereits daraus eine Lücke, dass sich die Obergrenze für die jeweilige Vertragsstrafe an der Auftragssumme des jeweiligen Vertrags orientieren muss und die Auftragssumme des Subunternehmervertrags in aller Regel erheblich geringer ist.

Im Ergebnis wird deshalb in Bezug auf Vertragsstrafen eine lückenlose back-to-back-Vereinbarung mit den jeweiligen Subunternehmern zumeist nicht möglich sein.

2. Schadenersatzanspruch gegen den Subunternehmer

Wenn eine lückenlose back-to-back-Vereinbarung somit nicht möglich ist, stellt sich für den Auftragnehmer die Frage, ob die bestehende Lücke durch einen Schadenersatzanspruch gegen den Subunternehmer geschlossen werden kann.

Der BGH geht davon aus, dass eine oben verwirkte Vertragsstrafe nach unten als Schadenersatzanspruch durchgereicht werden kann, wenn der Subunternehmer für die Verwirkung der Vertragsstrafe im Verhältnis Auftraggeber/Auftragnehmer verantwortlich ist und der Auftragnehmer nachweisen kann, dass der Subunternehmer durch die Pflichtverletzung die Verwirkung der Vertragsstrafe aus dem Hauptvertrag adäquat-kausal verursacht hat.[45] Letzteres bereitet dem Auftragnehmer nicht selten Schwierigkeiten.

Der BGH hat allerdings ausdrücklich darauf hingewiesen, dass unter Umständen ein Hinweis des Auftragnehmers gegenüber dem Subunternehmer erforderlich sein kann, um ein Mitverschulden des Auftragnehmers auszuschließen.[46] Ein solcher Hinweis ist nach dem BGH insbesondere dann erforderlich, wenn durch ein Fehlverhalten des Subunternehmers im Verhältnis Auftraggeber/Auftragnehmer eine Vertragsstrafe ausgelöst werden kann, die um ein Vielfaches höher ist als die mit dem Subunternehmer vereinbarte Vertragsstrafe.[47]

Für den Subunternehmer stellt die Möglichkeit des Auftragnehmers, eine oben gegenüber dem Auftraggeber verwirkte Vertragsstrafe nach unten als Schadenersatzanspruch durchreichen zu können, ein ernsthaftes Haftungsrisiko dar. Er wird deshalb versuchen, sich von einer solchen Haftung ganz oder zumindest teilweise entweder im Wege einer Individualvereinbarung oder standardvertraglich freizuzeichnen. Im letzteren Fall sind die hohen AGB-rechtlichen Anforderungen an die Wirksamkeit von Freizeichnungsklauseln zu beachten.[48]

Noch nicht abschließend geklärt ist, ob eine Vertragsstrafe auch dann als Schadenersatzanspruch nach unten durchgereicht werden kann, wenn oben durch Individualvereinbarung weit über das hinausgegangen wird, was AGB-rechtlich zulässig wäre (z.B. der Anrechnungszwang oder das Verschuldenserfordernis abbedungen und/oder eine Obergrenze von weit über 5 % vereinbart wird).[49]

Auch in solchen Fällen sollte ein Schadenersatzanspruch gewährt werden, sofern es nicht außerhalb aller Lebenserfahrung liegt, dass sich der Auftragnehmer auf eine entsprechende Vertragsstrafenregelung eingelassen hat. Allerdings wird man in solchen Fällen vom Auftragnehmer verlangen müssen, dass er den Subunternehmer auf die entsprechenden Umstände hinweist. Unterlässt der Auftragnehmer diesen Hinweis, so trifft ihn ein Mitverschulden gemäß § 254 Abs. 2 Satz 1 BGB.[50]

Ferner ist noch nicht abschließend geklärt, ob eine Vertragsstrafe als Schadenersatzanspruch auch dann nach unten durchgereicht werden kann, wenn der Auftragnehmer mit dem Auftraggeber eine AGB-rechtlich unwirksame Vertragsstrafenregelung getroffen hat, sich aber später in einem Vergleich auf die Zahlung eines bestimmten Betrages mit dem Auftraggeber geeinigt hat.[51] Nach dem BGH kann der

45 BGH NJW 1998, 1493, 1494; BGH NJW-RR 2000, 684, 685; zustimmend Oberhauser, Vertragsstrafe und Regressmöglichkeiten gegenüber Dritten, BauR 2006, 210, 213; Polenz CR 2008, 685, 689.

46 BGH NJW 1998, 1493, 1494; ausführlich zum Mitverschulden Oberhauser BauR 2006, 210, 214 ff.; ebenso Diehr ZfBR 2008, 768, 774; Polenz CR 2008, 685, 690.

47 Polenz CR 2008, 685, 690; ihm folgend Oberhauser BauR 2006, 210, 214 f.; vgl. auch Polenz CR 2008, 685, 690.

48 Dazu Wolf/Lindacher/Pfeiffer/Dammann, AGB-Recht, § 309 Nr. 7 Rn 135 ff.; Palandt/Grüneberg, § 307 Rn 42 ff.

49 Hierzu auch Oberhauser BauR 2006, 210, 215.

haftungsrechtliche Zusammenhang durch eine solche vergleichsweise Einigung unterbrochen werden.[52]

V. Resümee

1. Viele Fallstricke

Bei der AGB-mäßigen Vereinbarung von Vertragsstrafen sind zahlreiche Fallstricke zu beachten. Der Gestaltungsspielraum ist hier stark eingeschränkt. Die hohe Dichte der Inhaltskontrolle in diesem Bereich macht einmal mehr deutlich, wie stark die AGB-rechtliche Inhaltskontrolle es Unternehmen erschwert, Verträge frei zu gestalten. Die Unternehmen darauf zu verweisen, dass die soeben dargestellten Beschränkungen nicht gelten, wenn diese die Vertragsstrafe individuell aushandeln, gibt den Unternehmen angesichts der hohen Anforderungen, welche die Rechtsprechung an ein individuelles Aushandeln stellt, Steine statt Brot.

Wünschenswert wäre es, wenn sich die AGB-rechtliche Inhaltskontrolle auf einige wesentliche Punkte (z.B. die Obergrenze und das Verschuldenserfordernis) konzentrieren und es im Übrigen den Unternehmen überlassen würde, wie sie die Vertragsstrafenregelung gestalten wollen.

2. Die Druckfunktion kommt zu kurz

Ferner kommt die Druckfunktion der Vertragsstrafe zu kurz. Bereits der auch vom Gesetzgeber verwendete Begriff „Strafe“ macht deutlich, dass es um mehr geht als lediglich um einen vereinfachten Schadenersatzanspruch ohne Möglichkeit des Gegenbeweises. Tatsächlich führt jedoch die Kombination von einer maximal zulässigen Obergrenze von 5 % der Auftragssumme mit dem Kumulierungsverbot dazu, dass sich Vertragsstrafe und pauschalierter Schadenersatz im AGB-Bereich nur noch wenig voneinander unterscheiden.

In vielen Fällen hat der Auftragnehmer durch die Vertragsstrafe letztlich nicht sehr viel zu befürchten: Zum einen ist es üblich, dass Unternehmen mit Kosten von plus/minus 5 % kalkulieren; eine Vertragsstrafe mit einer maximal zulässigen Obergrenze von 5 % hält sich deshalb häufig in dem Bereich der durch den Auftragneh-

52 In dem vom BGH NJW 2002, 2322 konkret entschiedenen Fall durfte der Auftragnehmer sich herausgefordert fühlen, einen solchen Vergleich mit dem Auftraggeber abzuschließen, weil der Vorsitzende im Vorprozess ihm gegenüber erklärt hatte, dass an der Vertragsstrafenregelung „etwas dran“ sein könne.
Das OLG Düsseldorf, BauR 2005, 439 hat dagegen in einem ähnlich gelagerten Fall entschieden, dass allein der Umstand der vergleichsweisen Einigung nicht zur Erstattungsfähig-

mer bereits einkalkulierten möglichen Zusatzkosten. Zum anderen führt der nicht abdingbare Anrechnungszwang dazu, dass der Auftragnehmer in vielen Fällen nicht schlechter steht als bei einem reinen Schadenersatzanspruch des Auftraggebers.

Was der Auftraggeber primär will, ist, dass der Auftragnehmer erfüllt. Die Kompensationsfunktion der Vertragsstrafe, welche die Rechtsprechung so stark in den Vordergrund rückt, ist demgegenüber für ihn sekundär. Insbesondere bei dauernden Geschäftsverbindungen geht es dem Auftraggeber auch und vor allem darum, zu verhindern, dass der Auftragnehmer bei zukünftigen Projekten nochmals verzögert oder schlecht leistet. Dieses Interesse ist legitim, denn dem Auftraggeber kann neben den materiellen Schäden durch die vom Auftragnehmer verursachte Verzögerung oder Schlechtleistung auch ein erheblicher Imageschaden entstehen.

Ferner können Verzögerungen eines Auftragnehmers in dem heutigen arbeitsteiligen Wirtschaftsablauf, bei dem zumeist mehr als nur ein Auftragnehmer beteiligt ist, die zeitliche und inhaltliche Koordinationsplanung des Auftraggebers zunichte machen. Dies verursacht – ohne dass dies notwendigerweise zu einem materiellen Schaden führen muss – Mehraufwand beim Auftraggeber und kostet diesen schlichtweg Zeit und Nerven. Die rechtzeitige und ordnungsgemäße Leistung ist deshalb ein Wert, der auch jenseits etwaiger durch eine Nicht- oder Schlechtleistung verursachter monetärer Schäden schützenswert ist. Nur wenn der Auftragnehmer zumindest teilweise die Vertragsstrafe zusätzlich zum Schadenersatz zahlen muss, ist das legitime Interesse des Auftraggebers an der rechtzeitigen und ordnungsgemäßen Erfüllung angemessen gewahrt.

Eine unangemessene Bereicherung des Auftraggebers könnte dadurch verhindert werden, dass die Vertragsstrafe zu einem bestimmten Prozentsatz weiterhin angerechnet werden muss.

Abschließend ist in diesem Zusammenhang noch auf folgende Widersprüchlichkeit hinzuweisen: Wenn dem Auftraggeber durch die sanktionierte Pflichtverletzung ausnahmsweise kein Schaden entstanden ist, so ist die Vertragsstrafe voll zu zahlen. Wenn dagegen dem Auftraggeber durch die Pflichtverletzung ein Schaden entstanden ist, so ist die Vertragsstrafe voll anzurechnen, so dass sie in den meisten Fällen im Schadenersatzanspruch komplett aufgeht. Mit anderen Worten: Wenn nicht nur eine Pflichtverletzung vorliegt, sondern dem Auftraggeber hieraus auch noch ein Schaden entstanden ist, soll die Vertragsstrafe im Ergebnis nicht mehr gezahlt werden müssen, weil der Auftraggeber sie auf den Schadenersatzanspruch voll anrechnen muss. – Dieses Ergebnis ist nicht interessengerecht.

Kardinalpflichten und Haftungsbeschränkungen im Lichte der neuesten BGH-Rechtsprechung

Dr. Rupert Bellinghausen*

I. Einführung

Die vertragliche Haftungsbeschränkung ist ein Thema von dauerhafter Brisanz und war bereits Gegenstand früherer Veranstaltungen im Rahmen des AGB-Symposiums.[1] Es hat nichts von seiner Aktualität eingebüßt – im Gegenteil ist es in

* Der Dank des Verfassers gilt Frau Anne Schröer für die Unterstützung bei dieser Veröffentlichung.

1 Siehe dazu Abels/Lieb (Hrsg.), AGB im Spannungsfeld zwischen Kautelarpraxis und Recht-

jüngster Zeit erneut in aller Munde.[2] Dies gilt sowohl für den Begriff der Kardinalpflichten,[3] den der BGH jüngst sogar im Business-to-Business-Bereich (B2B) als intransparent bezeichnet hat, als auch für das damit verknüpfte Thema der Haftungsbeschränkungen.[4]

Aufgrund der Erfahrungen in vielen Beratungsgesprächen mit deutschen und ausländischen Mandanten kann man den Status Quo ohne Übertreibung als alarmierend bezeichnen: Das Zusammenspiel von Rechtsprechung und Gesetzgebung im Bereich der Haftungsbegrenzung durch Standardklauseln ist zum vielleicht größten Wettbewerbsnachteil des deutschen Vertragsrechts aus Verkäufersicht geworden, noch weit vor dem Lieferantenregress und den Ansprüchen aus Produkthaftung. Die Rechtslage erzeugt Unverständnis und Ausweichreaktionen insbesondere bei angloamerikanischen Unternehmen.

Zunächst soll die aktuelle Rechts- und Rechtsprechungslage dargestellt werden II. Es folgt eine Analyse der Wettbewerbsnachteile des deutschen Rechts auf dem Gebiet der Haftungsbeschränkung III. Schließlich folgt die Frage, wie mögliche Auswege aus dem derzeitigen Dilemma aussehen könnten IV.

II. Status Quo der BGH-Rechtsprechung

Die Scheu des Bundesgerichtshofs vor AGB-mäßigen Haftungsausschluss- oder Haftungsbegrenzungsklauseln ist inzwischen deutlich erkennbar. Im Business-to-Consumer-Bereich (B2C) teilt der Gesetzgeber diese Abneigung uneingeschränkt. Nach der Schuldrechtsreform ist im Falle eines Verbrauchsgüterkaufes praktisch keine Haftungsbegrenzung mehr möglich. Im B2B-Bereich ist der Gesetzgeber, mit Ausnahme des Lieferantenregress aus § 478 BGB, der seinerseits am Ende der Kette einen Verbrauchsgüterkauf erfordert,[5] zwar zurückhaltender, doch hier hat der BGH in jahrzehntelanger Rechtsprechung die Spielräume für Vertragsparteien zunehmend eingeschränkt. Eine restriktive Haltung des Gesetzgebers trifft auf die bekannte und im europäischen Vergleich wohl einzigartige Rechtsprechung, wonach faktisch jede

2 Berger, Abschied von der Privatautonomie im unternehmerischen Geschäftsverkehr?, ZIP 2006, 2149, 2149 ff.; Abels/Lieb (Hrsg.)/Berger, 2005, S. 31 ff.; Graf von Westphalen, ZGS 2006, 81 ff.; Hobeck, Zum „Aushandeln" einer Vertragsbestimmung in Verträgen zwischen Unternehmen, SchiedsVZ 2005, 108, 112; Kappus, BGH „succurit ignoranti" – Transparenz des „Kardinalpflichten"-Begriffs im Unternehmerverkehr, NJW 2006, 15, 15 ff. m.w.N; Langer, Haftungsausschluss und Haftungsbegrenzung gegenüber Unternehmern in Allgemeinen Geschäftsbedingungen, WM 2006, 1233, 1233 ff.; Lischek/Mahnken, Vertragsverhandlungen zwischen Unternehmen und AGB – Anmerkungen aus der Sicht der Praxis, ZIP 2007, 158, 158 ff.; zur Zurückdrängung der Vertragsfreiheit im B2B-Bereich siehe auch: Dauner-Lieb, Auf dem Weg zu einem europäischen Schuldrecht?, NJW 2004, 1431, 1431 ff.

3 Siehe unten: Ziffer 1.2.

4 Siehe unten: Ziffer 1.3.

Vertragsvereinbarung unter den AGB-Begriff fällt.[6] Denn es ist praktisch schwer vorstellbar, dass ein Unternehmer die von ihm vorgeschlagene Klausel ihrem vollen Inhalt nach zur Disposition stellt. Die Kombination des nahezu allumfassenden AGB-Begriffes und der strengen Inhaltskontrolle lässt ein Haftungskorsett entstehen, das nicht mehr den notwendigen Raum für die Vertragsfreiheit lässt.[7]

1. § 307 BGB – Maßstab für B2B-Verträge

Maßstab für die Inhaltskontrolle ist im B2B-Bereich § 307 BGB. Als Generalklausel entwickelt,[8] nimmt er mittlerweile so viele Inhalte der speziellen Klauselverbote der § 308 und § 309 BGB auf, dass Unternehmer fast ebenso umfassend „geschützt" werden wie private Endverbraucher. Laut BGH hat der gesamte Klauselkatalog Indizwirkung für den B2B-Bereich.[9] Das macht es den Instanzgerichten leicht, Klauseln ohne Berücksichtigung der Besonderheiten im unternehmerischen Geschäftsverkehr für unwirksam zu erklären. Leitbild ist hierbei aus BGH-Sicht stets der wirtschaftlich schwache Handwerksbetrieb, der es mit einem Großunternehmen als klauselverwendendem Vertragspartner zu tun hat und deshalb genauso schutzbedürftig ist wie ein privater Endverbraucher gegenüber einem Unternehmer.[10] Tatsächlich bilden derartige Konstellationen aber nur einen Teil all jener Sachverhalte, die mittlerweile von diesem Schutzniveau erfasst werden. Darüber hinaus ist § 307 BGB bezüglich der Unbestimmtheit der verwendeten Rechtsbegriffe durchaus mit § 242 BGB vergleichbar. Die einschlägige Rechtsprechung ist mittlerweile nahezu unüberschaubar geworden.[11]

Nach § 307 BGB ist eine Standardklausel unwirksam, wenn sie den Vertragspartner gegen Treu und Glauben unangemessen benachteiligt (Abs. 1). Eine unangemessene Benachteiligung ist im Zweifel anzunehmen, wenn die Klausel entweder mit wesentlichen Grundgedanken der gesetzlichen Regelung, von der abgewichen wird, nicht zu vereinbaren ist (Abs. 2 Nr. 1) oder wenn sie wesentliche Rechte oder Pflich-

6 Zum Begriff des Aushandelns etwa: BGH ZIP 2003, 908, 908 ff.; BGH NJW 2000, 1110, 1110; Palandt/Heinrichs, § 305 Rn. 21 ff.; Berger ZIP 2006, 2149, 2152 f.; Hobeck SchiedsVZ 2005, 108, 108 ff.; Lischek/Mahnken ZIP 2007, 158, 160.

7 Staudinger/Looschelders, § 242, Rn. 458 ff.; Medicus, Schuldrecht I Allgemeiner Teil, 2004, § 10; Kappus NJW 2006, 15, 15 ff.

8 Palandt/Heinrichs, vor § 307 m.w.N.; MüKo/Kieninger, § 307 Rn. 21 ff.; Staudinger/Schlosser, Vorb. zu §§ 307-309 Rn. 18ff.

9 BGH NJW 1981, 1501, 1501; BGH NJW 1981, 1510, 1510; BGH NJW 1984, 1750, 1750 ff.; BGH NJW 1993, 2436, 2436 ff.; BGH NJW 1996, 389, 389 f.; differenzierend: Staudinger/Coester, § 307 Rn. 10, 14; MüKo/Basedow, § 310 Rn. 7 f.

10 Kritisch zu dieser Sichtweise: Kappus NJW 2006, 15, 18.

11 Beispielhaft: BGH NJW 1984, 1350 f. (Kaltlagerung von Lebensmitteln); BGH NJW 1985, 1165 f. (Informationspflicht eines Reiseveranstalters); BGH NJW-RR 1986, 271 ff. (Klimatisierung für EDV-Raum); BGH NJW-RR 1993, 560 f. (Planungsleistung eines Werkunte

ten, die sich aus der Natur des Vertrags ergeben, so einschränkt, dass die Erreichung des Vertragszwecks gefährdet ist (Abs. 2 Nr. 2).

Die heutige Anwendung und judikative Weiterentwicklung dieser Vorschrift ist von der ursprünglichen Konzeption des Gesetzgebers weit entfernt.[12] Die grundsätzliche Unterscheidung zwischen Verträgen zwischen Unternehmern und solchen, die Verbraucher miteinbeziehen, findet ihren Zweck in der anerkannten Schutzbedürftigkeit der Verbraucher. Die grundsätzlich geltende Vertragsfreiheit birgt jene wirtschaftlichen, unternehmerischen Risiken, die vertraglichen Verpflichtungen stets immanent sind. Die Vertragspartner können diese Risiken und die korrespondierenden Chancen abwägen, und es wird ihnen grundsätzlich zugemutet, sie eigenverantwortlich zu erkennen und einzuschätzen. Von dieser Eigenverantwortlichkeit sind Verbraucher als schutzwürdige Gruppe ausgenommen. Dieses als Regel-Ausnahme-Verhältnis konstruierte Schutzkonzept ist mittlerweile weit über den ursprünglich intendierten und notwendigen Anwendungsbereich hinaus zwingend anwendbar. Die Frage nach der Notwendigkeit dieser Restriktion der Vertragsfreiheit wird unterschiedlich beantwortet.[13]

2. Kardinalpflichten – Definition, Anwendung, praktische Relevanz

Für beide Alternativen der zitierten Vermutungsregel des § 307 Abs. 1 BGB erlangen nun die sogenannten Kardinalpflichten Relevanz. Im Jahre 2001 definierte der BGH sie als diejenigen vertraglichen Pflichten, „die die ordnungsgemäße Durchführung des Vertrages erst ermöglichen und auf deren Erfüllung der Vertragspartner deshalb vertraut und vertrauen darf.“[14] Den so von ihm erschaffenen Begriff der Kardinalpflichten hat der BGH jedoch mit seinem vielbeachteten Urteil vom 20.7.2005[15] überraschend aufgegeben. Zur Begründung heißt es, der Begriff verstoße auch im B2B-Bereich gegen das Transparenzgebot des § 307 Absatz 1 Satz 2 BGB,[16] weil sich dem juristischen Laien - und dazu gehört bei § 307 BGB auch der Unternehmer - nicht erschließe, was konkret gemeint sei. Der Begriff müsse in den AGB näher erläutert werden, damit die Klausel aus sich heraus verständlich sei.[17]

12 Palandt/Heinrichs, vor § 307 Rn. 2; Berger ZIP 2006, 2149, 2155 m.w.N.

13 Überblick über den Meinungsstand bei: Berger ZIP 2006, 2149, 2149 ff.; Dauner-Lieb NJW 2004, 1431, 1431 ff.; Graf von Westphalen, 30 Jahre AGB-Recht – Eine Erfolgsbilanz, ZIP 2007, 149, 149 ff.; Langer WM 2006, 1233, 1233 ff.; Lischek/Mahnken ZIP 2007, 158, 158 ff.

14 BGH NJW 2002, 673, 674.; BGH NJW 2001, 292, 302.

15 BGH NJW-RR 2005, 1496, 1505.

16 Zum Transparenzgebot: BGH NJW 2001, 292, 292 ff; Kappus NJW 2006, 15, 15; Palandt/Heinrichs, § 307 Rn. 16 ff.; Coester interpretiert BGH ZIP 1990, 980, 981 nicht als Notwendigkeit eines umfassenden Kommentars zu jeder Klausel: Staudinger/Coester, § 307 Rn. 100.

Der BGH nennt zwei Möglichkeiten, wie sich diese Vorgabe in die Praxis umsetzen lassen soll:[18] (1) Entweder im Wege der Typisierung, d. h. der Aufzählung der Kardinalpflichten je nach betroffenem Vertragstyp. Dies würde aber regelmäßig den Rahmen von AGB sprengen und den Vorteil der generellen Verwendbarkeit ohne zeitaufwendige Anpassung an den Einzelfall zunichte machen. (2) Alternativ ist eine Umsetzung durch eine generelle Erläuterung des Begriffes „Kardinalpflichten" möglich. Dies kann etwa mit denjenigen Worten erfolgen, die der BGH selbst in der Vergangenheit gewählt hat: Kardinalpflichten sind solche Pflichten, deren Erfüllung die ordnungsgemäße Durchführung des Vertrags erst ermöglicht und auf deren Erfüllung der Vertragspartner deshalb vertraut und vertrauen darf. Ob eine solche Erläuterung die Verständnisprobleme des juristischen Laien beseitigen kann, darf bezweifelt werden. In der Praxis ist das BGH-Urteil ungeachtet dessen von großer Bedeutung. Nahezu alle Allgemeinen Geschäftsbedingungen müssen daran angepasst werden.

Auch der mindestens ebenso beliebte Hinweis auf „wesentliche Vertragspflichten" ist ohne nähere Erläuterung sehr riskant. Hier bedarf es ebenso der oben genannten Definition im Einzelfall.

3. (Un-)Möglichkeit der Haftungsbeschränkung

An den inhaltlichen Anforderungen an Haftungsausschluss- und -begrenzungsklauseln ändert das jüngste BGH-Urteil nichts. Die folgende Tabelle zeigt überblicksartig, wo ein klauselmäßiger Haftungsausschluss bzw. eine Haftungsbegrenzung nach deutschem Recht noch möglich ist.

tand: BGH NJW-RR 2004, 900, 902; BGH NJW 2002, 673, 674; BGH NJW-RR 2001, 768

Haftung für...	Ausschluss?	Begrenzung?
1. Ansprüche aus Produkthaftungsgesetz	(-)	(-)
2. Fehlen einer garantierten Beschaffenheit	(-)	(-)
3. Schuldhafte Verletzung des Lebens, des Körpers oder der Gesundheit	(-)	(-)
4. Vorsätzliche Verletzung von Vertragspflichten	(-)	(-)
5. Grob fahrlässige Verletzung von Vertragspflichten a) des gesetzlichen Vertreters oder leitender Angestellter	(-)	(-)
b) von einfachen Erfüllungsgehilfen	(-)	(+) str. vertragstypischer, vorhersehbarer Schaden
6. Leicht fahrlässige Verletzung von wesentlichen Vertragspflichten a) des gesetzlichen Vertreters oder leitender Angestellter b) von einfachen Erfüllungsgehilfen	(-) (-)	(+) vertragstypischer, vorhersehbarer Schaden (+) vertragstypischer, vorhersehbarer Schaden
7. Leicht fahrlässige Verletzung von nicht wesentlichen Vertragspflichten a) des gesetzlichen Vertreters oder leitender Angestellter b) von einfachen Erfüllungsgehilfen	(+) (+)	(+) (+)

Dementsprechend kompliziert ist die Gestaltung von Gewährleistungs- und Hafder anwaltlichen Beratung fragt sich der Mandant andererseits, wessen Interessen sein Anwalt eigentlich vertritt, wenn die Klausel mit einer Liste von Fallgruppen beginnt, für die der Verkäufer uneingeschränkt haftet, und erst am Ende die eigentliche Haftungsbegrenzung nachfolgt.

Aber welchen Wert haben die noch verbliebenen Möglichkeiten der Haftungsbeschränkung in der Praxis? Bleibt dort ein nennenswerter Nutzen, wenn man die unbestimmten Rechtsbegriffe im Einzelfall ausfüllt?

Konkret stellt der unternehmerisch tätige Mandant seinem Anwalt an dieser Stelle zwei Fragen:

- Welche Vertragspflichten sind unwesentlich?
- Welche Schäden sind nicht vertragstypisch und nicht vorhersehbar?

Die Antworten können nicht zufrieden stellen: Wie die Definition des Bundesgerichtshofes zeigt, gehen Kardinalpflichten begrifflich über das hinaus, was als vertragliche Hauptpflichten beschrieben wird.[19] Auch sogenannte Nebenpflichten können im Einzelfall wesentliche Vertragspflichten sein.[20] Hierzu sind in den vergangenen Jahren zahlreiche Einzelfallentscheidungen ergangen.[21] Ob bei normierten oder bei nicht normierten Vertragstypen: der Kreis derjenigen Pflichten, die die ordnungsgemäße Durchführung des Vertrages erst ermöglichen und auf deren Erfüllung der Vertragspartner deshalb vertraut und vertrauen darf, ist weit. Die daneben verbleibenden Pflichten sind in der Praxis unter dem Aspekt der Haftungsbegrenzung irrelevant. Die erste Frage nach den unwesentlichen Vertragspflichten verdient also die Antwort: „aus haftungsrechtlicher Sicht praktisch keine".

Ähnliches gilt für die nicht vertragstypischen und nicht vorhersehbaren Schäden. Beispielsweise beim Kaufvertrag sind alle Schäden vorhersehbar, die die Unternehmerseite gerne ausschließen würde. Insbesondere Folgeschäden wie entgangener Gewinn, Vertragsstrafen in der nachfolgenden Lieferkette und die praktisch so wichtigen Rückrufkosten können nicht ausgeschlossen werden.[22] Die im Ausland oft praktizierte Begrenzung der Haftung auf den einfachen oder mehrfachen Auftragswert oder auf die Deckungssumme der Haftpflichtversicherung ist nach deutschem Recht ebenfalls unzulässig.

Als theoretischer Ausweg bietet sich der Abschluss einer Individualvereinbarung an, weil die Haftung damit auf Vorsatz beschränkt werden kann. In der Praxis ist dies aber wegen der extrem strengen Anforderungen an das individuelle Aushandeln der Klausel kein Ausweg. Praktisch wird es nie möglich sein, beispielsweise umfassende Liefer- oder Kaufverträge vollinhaltlich auszuhandeln. Auch würden die hier-

19 BGH NJW 2002, 673, 674 ff. m.w.N.
20 Langer WM 2006, 1233, 1234. m.w.N.
21 Beispielsweise: BGH NJW 1990, 761, 764 f. (All…

durch generierten Kosten die durch eine Haftungsbegrenzung erreichte Ersparnis wohl größtenteils egalisieren.

III. Wettbewerbsnachteil des deutschen Rechts als Folge

Geschäftstätigkeit basiert auf unternehmerischer Freiheit. Wo keine Schutzbedürftigkeit vorhanden ist, wirken schützende Mechanismen entgegen ihrer ursprünglichen Intention beschränkend und als Hemmnis für die Effektivität der Rechtsordnung.

Da die Haftungsbegrenzung in einer arbeitsteilig strukturierten, globalen Wirtschaft einer der wichtigsten Vertragsinhalte ist, hängen die Attraktivität und Praktikabilität eines Vertragsrechtssystems nicht zuletzt davon ab, welche Möglichkeiten es in dieser Hinsicht bietet. Für die Begrenzung der eigenen Haftung besteht ein Bedürfnis, das anerkennenswert und rechtlich zulässig ist.[23]

Insbesondere US-amerikanische Konzerne schließen Schadensersatzpositionen wie den bereits oben genannten entgangenen Gewinn im Falle von leicht fahrlässigen Pflichtverletzungen oft bereits als Teil ihrer „Global Policy" aus. Falls dies nach einer Rechtsordnung auf einem bestimmten Markt nicht möglich ist, wird dies nicht hingenommen, sondern die jeweiligen Vertriebsabteilungen sehen sich gezwungen, Auswege zu suchen. Oft besteht ein solcher Ausweg darin, das deutsche Recht um jeden Preis zu meiden.[24] Auch deutsche Großunternehmen wählen für wichtige B2B-Verträge in vielen Fällen das Schweizer Recht. Dieser Schritt führt allerdings dazu, dass oft auch die schweizer Gerichtsbarkeit zuständig ist, deren Qualitätsstandard als recht uneinheitlich angesehen wird. Der Wahl der Rechtsordnung muss daher eine eingehende Überprüfung aller Vor- und Nachteile vorausgehen.

1. Haftungsbeschränkung innerhalb der Lieferkette

In Lieferketten für sicherheitsrelevante Bauteile hat der am Beginn der Kette stehende Hersteller praktisch keine Alternative dazu, seine Haftung der Höhe nach zu begrenzen. In einem Fall aus der Mandatspraxis wurde ein winziger Gummiring im Wert von 0,1 Euro hergestellt, der sodann in ein Regelventil für ein Antiblockiersystem eingebaut wird, das später in Lastwagen Verwendung fand. Es blieb dem Hersteller nichts anderes übrig, als seine Haftung für etwaige Rückrufkosten beim Versagen des LKW-Bremssystems zu begrenzen. Dies war aber nicht durch wirksame

23 So auch: Langer WM 2006, 1233, 1236, der insoweit zu Recht auf die ausdrückliche gesetzliche Möglichkeit der Haftungsbeschränkung durch die Wahl der Rechtsform der GmbH (§ 13 Abs. 2 GmbHG) hinweist.

AGB-Klauseln möglich. Ein einziger Schadensfall kam den Hersteller des Gummiringes so teuer zu stehen, dass er hundert Jahre lang Gummiringe hätte liefern müssen, um wieder in die Gewinnzone zu kommen. Natürlich ist es grundsätzlich nicht ungerecht, wenn derjenige, der ein Problem beispielsweise durch einen Fabrikationsfehler verursacht hat, für alle damit verbundenen Schäden im weiteren Verlauf haften muss. Aber bei minimaler Wertschöpfung am Anfang der Kette sind die kumulierten Haftungsrisiken untragbar hoch.

Mögliche Folge wäre entweder die Einstellung der Produktion angesichts der Risiken oder die Weitergabe des Kostenrisikos an die Vertragspartner durch eine deutliche Erhöhung des Marktpreises.[25] Letzteres würde in dem oben genannten Beispiel eine Steigerung um das Zehnfache notwendig machen. Es ist offensichtlich, dass beide Möglichkeiten praktisch undurchführbar sind. Dasselbe gilt für Unternehmen, die große Produktionsmaschinen reparieren oder warten. Mangelhafte Vertragserfüllung und Schäden an den jeweiligen Maschinen führen innerhalb kürzester Zeit zu immensen Schäden wegen des Produktionsstillstands, die den Auftragswert um ein Vielfaches übersteigen. Solche Risiken können von vielen Unternehmern nicht getragen werden und sind zu wirtschaftlichen Konditionen auch nicht mehr versicherbar.

2. Vertragsbeziehungen mit Auslandsbezug

Bei Lieferketten mit Auslandsberührung passt das enge Korsett des deutschen Haftungsrechts kaum in die von Vertragsfreiheit geprägte Landschaft internationaler Vertragsbeziehungen. Kann ein Beteiligter seine Haftung nicht derart begrenzen, wie es die anderen Mitglieder der Lieferkette können, so besteht die Gefahr, ohne eigene Regressmöglichkeiten einen Schaden tragen zu müssen, für den man nicht die Ursache gesetzt hat.

a) EG-Richtlinie über missbräuchliche Klauseln

Innerhalb der EU schafft die Richtlinie über missbräuchliche Klauseln aus dem Jahr 1993 zwar eine gemeinsame Grundlage für die Inhaltskontrolle.[26] Schon der Anwendungsbereich der Richtlinie unterscheidet sich jedoch in den Mitgliedsstaaten: in Belgien, Frankreich, Griechenland, Großbritannien, Irland, Italien, Luxemburg und Spanien findet eine Inhaltskontrolle nur in Bezug auf Verbraucherverträge statt. Die

25 Langer WM 2006, 1233, 1236 m.w.N. U.a. werden dort die IBM standard purchase terms

Inhalte der Richtlinie gelten dort nicht im B2B-Bereich. Zudem lässt die Richtlinie auch inhaltliche Freiräume, die die Mitgliedstaaten unterschiedlich genutzt haben.[27]

b) Europäisches Vertragsrecht

Ob die aktuell stattfindende Überarbeitung des Verbraucherschutzacquis[28] und der Entwurf eines Europäischen Vertragsrechts[29] eine weitere Vereinheitlichung bringen werden, bleibt abzuwarten. Jedenfalls lassen ausländische Rechtsordnungen – allen voran das Schweizer Recht – nicht nur einen generellen Haftungsausschluss bei leichter Fahrlässigkeit zu, sondern sie definieren auch den AGB-Begriff wesentlich restriktiver als die deutsche Rechtsprechung.[30] Wenn es in Zukunft zu einer Vereinheitlichung der Maßstäbe für die Inhaltskontrolle käme, müssten daher zwingend auch deren Anwendungsbereich und die Anforderungen an die Individualvereinbarung vereinheitlicht werden. Dies scheint jedoch in naher Zukunft kaum umsetzbar zu sein.

Solange in Europa die Tendenz vorherrscht, den Verbraucherschutz im B2C-Bereich weiter zu stärken, dürfte sich eine Rückbesinnung auf die Vertragsfreiheit im B2B-Bereich nur durch eine strikte Separierung im Sinne eines partiellen Sonderrechts erreichen lassen. Dies muss nicht formal durch unterschiedliche Gesetzesvorschriften geschehen, sondern die Rechtsprechung kann dies allein bewerkstelligen. Die jüngst von Prof. Berger geforderte Kehrtwende der AGB-Rechtsprechung im B2B-Bereich wäre unter dieser Prämisse durchaus wünschenswert.[31]

27 Umfassend dazu: Schulte-Nölke, Universität Bielefeld, EC Consumer Law Compendium – Comparative Analysis 2007 (http://ec.europa.eu/consumers/cons_int/safe_shop/acquis/comp_analysis_en.pdf); Überprüfung des gemeinschaftlichen Besitzstandes im Verbraucherschutz (IP/A/IMCO/FWC/2006-168/C4/SC1), Generaldirektion interne Politikbereiche der Europäischen Union – Wirtschafts- und Wissenschaftspolitik, Verfasser: Prof. Dr. Schulte-Nölke. (http://www.europarl.europa.eu/comparl/imco/studies/0705_consumeracquis_de.pdf)

28 Grünbuch „Die Überprüfung des gemeinschaftlichen Besitzstands im Verbraucherschutz" – KOM (2006) 744 final; auf dem Prüfstand stehen alle acht bisherigen Richtlinien (sog. Verbraucherschutz-Acquis). Konkrete Vorhaben der Kommission sind jedoch noch nicht bekannt, vielerorts diskutiert wird aber etwa die Einführung von Sammelklagen.

29 Ein erster Entwurf des Common Frame of Reference (CFR) ist für Ende 2007 geplant. Der anschließenden Diskussion wird neben dem Entwurf der Experten auch der Zweite Fortschrittsbericht der Kommission der Europäischen Gemeinschaften (KOM[2007] 447 endgültig) zugrunde liegen; vertiefend: Basedow, Grundlagen des europäischen Privatrechts, JuS 2004, 89, 89 ff.; Najork/Schmidt-Kessel, Der Aktionsplan der Kommission für ein kohärentes Vertragsrecht, GPR 2003, 5, 5 ff.; Schulze, Grundzüge eines kohärenten europäischen Vertragsrechts, ZRP 2006, 155, 155 ff.; Schulze, Grundsätze des Vertragsschlusses im Acquis communautaire, GPR 2005, 56, 56 ff.: Schulze-Lauda, Europäisches Vertragsrecht - das zweitgrößte Gesetzgebungsvorhaben in der Geschichte der EU, EuZW 2007, 366, 366 ff.; Staudenmayer, Der Aktionsplan der EG-Kommission zum Europäischen Vertragsrecht, EuZW 2003, 165, 165 ff.

IV. Mögliche Auswege

Ausgangspunkt für mögliche Lösungsansätze ist die Überlegung, dass die Zwänge und Regulierungen des Verbraucherschutzes im B2B-Bereich nicht notwendig und sogar hinderlich sind. Verbraucherschutz ist auf vielen Gebieten notwendig und gut. Man kann Unternehmen aber nicht nur deshalb das im B2B-Bereich - gerade im internationalen Vergleich - notwendige Maß an Vertragsfreiheit verweigern, weil man einheitliche Regeln im B2C- und B2B-Bereich favorisiert. Die Rechtsprechung ist hier – noch stärker als der Gesetzgeber – von den Bedürfnissen der Praxis entfernt. Die Schutzbedürftigkeit von Unternehmen, gleich welcher wirtschaftlichen Größe, ist jedenfalls geringer als diejenige des privaten Endverbrauchers, was zu Differenzierungen führen muss. Es stellt sich die Frage, wo mögliche Lösungen ansetzen können.

1. Die Definition der Individualvereinbarung

Unternehmen brauchen die Möglichkeit, ganze Vertragswerke so zu verhandeln, dass nicht jede einzelne Klausel vollinhaltlich zur Disposition gestellt werden muss. Das Ergebnis sollte ein Individualvertrag sein, dessen Haftungsklausel auch dann nicht den AGB-Regeln unterfällt, wenn der Verkäufer sie als nicht verhandelbar bezeichnet, aber an anderer Stelle Zugeständnisse gemacht hat. Es muss hierbei genügen, wenn über Klauseln gesprochen wird und beide Unternehmen ihren Inhalt verstehen.

2. Maßstab für eine unangemessene Benachteiligung

Der BGH schaut auch im B2B-Bereich auf den „Worst Case". Die jeweilige Klausel wird anhand des denkbar größten Machtgefälles geprüft und beurteilt. Wenn eine Haftungsbegrenzungsklausel mit einem bestimmten Inhalt beispielsweise zwischen BASF und Bayer zur Anwendung kommt, so ist sie unwirksam, weil der BGH die Inhaltskontrolle einer gleichlautenden Klausel an dem Aufeinandertreffen von BASF und einem kleinen, mit dem Rücken zur Wand stehenden Unternehmer ausrichtet.

Wesentlich sachgerechter wäre eine Prüfung der unangemessenen Benachteiligung anhand der Schutzbedürftigkeit im Einzelfall. Hier erscheint es möglich und wünschenswert, Fallgruppen oder Kriterien herausbilden, die die Schutzbedürftigkeit anhand der jeweiligen Parameter des Einzelfalles berücksichtigen. Solche Kriterien könnten beispielsweise die Umsätze der beiden Unternehmen, die Marktanteile und auch die Anzahl der Wettbewerber sein. Letztere gibt Aufschluss darüber, ob ternehmen sich auf bekanntem Terrain bewegen, also innerhalb ihrer typischen Geschäftsfelder.[32]

Es muss dort ein höheres Maß Vertragsfreiheit geben, wo keine der Vertragsparteien ausnahmsweise schutzbedürftig ist. Abweichungen vom gesetzlichen Normalfall sind hier das Ergebnis einer mehr oder minder erfolgreichen Verhandlungsstrategie, von umfangreichen Kalkulationen und von bewusst in Kauf genommenen Nachteilen und Risiken, nicht dagegen von Schutzlosigkeit oder Ahnungslosigkeit.

Auch wer sich als Unternehmer bewusst entscheidet, Verträge zur Reduzierung seiner Transaktionskosten teilweise oder überwiegend unverhandelt zu unterzeichnen, ist weniger schutzbedürftig. Man kann ihn nicht später dadurch privilegieren, dass man ihn wie einen Verbraucher behandelt. Unternehmerische Entscheidungen sind bewusste Entscheidungen in Kenntnis der damit verbundenen Risiken. Insoweit umweht die Unternehmer der von Kappus erwähnte „rauhe Wind“ der risikobehafteten Geschäftstätigkeit.[33] Es erscheint demnach sachgerecht, die Schutzbedürftigkeit im Einzelfall zu ermitteln, um auf dieser Grundlage den adäquaten Schutzstandard festzulegen. Wenn sich die Vertragspartner auf Augenhöhe gegenüberstehen, sind Verbraucherschutzmaßstäbe überflüssig. Natürlich erfordert dieser Ansatz von den entscheidenden Gerichten mehr Sachverhaltsermittlung und Abwägung als bisher. Aber auch die jetzige AGB-Rechtsprechung fußt auf unzähligen Einzelfallabwägungen.

3. Verminderte Indizwirkung der Klauselkataloge

Einige Literaturstimmen schlagen mittlerweile vor, nicht mehr jedes Klauselverbot aus § 308 ff. BGB mit einer Indizwirkung für den B2B-Bereich zu versehen, sondern nur noch solche, die ihren Ursprung nicht primär im Verbraucherschutz haben. Propagiert wird ein geteiltes Leitbild. Die sog. „Ikea-Klausel“ des § 434 Abs. 2 Satz 2 BGB soll also wegen ihres Verbraucherschutzursprungs keine Ausstrahlungswirkung auf den B2B-Bereich haben, die mit dem neuen Schuldrecht eingeführte Gleichstellung von aliud-Lieferungen mit dem Sachmangel (§ 434 Abs. 3 BGB) aber sehr wohl.

Für diese Auffassung spricht die unbestrittene Tatsache, dass der Gesetzgeber immer bewusst zwischen der B2C- und B2B-Inhaltskontrolle unterschieden hat, während die Rechtsprechung beide Bereiche zunehmend gleichbehandelt.

32 Ein Malerbetrieb wäre demzufolge weniger schutzwürdig, wenn er Farbe einkauft, als wenn

V. Schlussbemerkung

Der Begriff „Kardinalpflichten" wird mittlerweile selbst vom BGH als zu unbestimmt angesehen. Die dennoch weiterhin unter diesem Stichwort geführte Diskussion hat in erster Linie die Frage nach den Regeln für AGB und Haftungsbegrenzungen im unternehmerischen Geschäftsverkehr zum Inhalt. Die Notwendigkeit schützender Vorschriften ist zwar für das Verbraucherrecht unbestritten, bedarf jedoch im B2B-Bereich einer differenzierten Betrachtung. Diese sollte sich an den Umständen und dem Machtgefälle im Einzelfall orientieren oder auf Fallgruppen aufbauen. Die Vertragsfreiheit ist Grundlage unternehmerischen Handelns. Jede Einschränkung bedarf daher einer Rechtfertigung. Die aktuelle Lage des AGB-Rechts in Deutschland beachtet die Unterschiede zwischen B2C und B2B nicht in ausreichendem Maße. Es besteht Handlungsbedarf, um das deutsche Vertragsrecht wieder stärker an den Bedürfnissen der Praxis auszurichten.

Aktuelle Entwicklungen in der AGB-Kontrolle von Preisänderungsklauseln

Prof. Dr. Georg Borges*

I. Einführung

Die AGB-Kontrolle von Preisänderungsvorbehalten, ein Dauerbrenner des AGB-Rechts, wurde in den letzten Jahren durch die Rechtsprechung erheblich verschärft. Der Trend der Rechtsprechung führt, auch wenn die Entscheidungen in Details divergieren, zu hohen Anforderungen an die AGB-rechtliche Wirksamkeit von Preisänderungsvorbehalten, jedenfalls in Verbraucherverträgen.

In seinen jüngsten Entscheidungen hat der BGH Preisanpassungsklauseln in wichtigen Wirtschaftsbereichen (Finanzwesen, Energieversorgung) für unwirksam erklärt und praxisrelevante Grundsatzfragen der Preiskontrolle angesprochen. In einem Urteil vom April 2009 wurden – unter ausdrücklicher Aufgabe der bisherigen Rechtsprechung - Anpassungsklauseln in den AGB-Sparkassen als unwirksam angesehen und hierbei die Bedeutung einer Preissenkungspflicht hervorgehoben.[1] In einem Urteil vom Dezember 2008 und erneut in zwei Grundsatzentscheidungen vom Juli 2009 hat der BGH jeweils Preisanpassungsklauseln in Gaslieferungsverträgen als unwirksam angesehen und hierbei grundsätzlich zur Bedeutung der gesetzlichen Preisanpassungsermächtigung nach dem Energiewirtschaftsgesetz für die AGB-Kontrolle Stellung genommen.[2]

Preisanpassungsklauseln sind im Ausgangspunkt als ein wichtiges und legitimes Instrument der Vertragsgestaltung in längerfristigen Vertragsbeziehungen anerkannt.[3] Ihr legitimer Zweck besteht darin, das vertragliche Äquivalenzverhältnis auch bei Veränderung der Kostensituation aufrecht zu erhalten.[4] Damit dieses Ziel

1 BGHZ 180, 257.

2 BGHZ 179, 186; BGH NJW 2009, 2662; NJW 2009, 2667.

3 Siehe zuletzt BGHZ 180, 257, 266; BGHZ 176, 244, 248; BGH NJW 2008, 360, 361 (Pay-TV); NJW 2007, 1054, 1055 (Flüssiggas II); NJW-RR 2005, 1717, 1718; weitere Nachw. bei Borges, Neue Trends in der AGB-Kontrolle, ZIP 2007, 1437, 1438; vgl. auch v. Bodungen/Hesse, Unwirksamkeit mehrdeutiger Preisanpassungsklauseln in AGB, BB 2009, 634; Büdenbender, Zu Preisanpassungsklauseln in langfristigen Energielieferungsverträgen, EWiR 2007, 261 f.; ders., Die Rechtsprechung des BGH zu Preisanpassungsklauseln in Energielieferungsverträgen, NJW 2009, 3125; Flasbarth, Zur Frage der Wirksamkeit von Preisänderungsklauseln in Gassonderverträgen, BB 2008, 1363; Kessel/Schwedler, Preisanpassungsklauseln in AGB und ihre Bewertung durch die Rechtsprechung, BB 2010, 585; Thomas, Preisfreiheit im Recht der Allgemeinen Geschäftsbedingungen - Begrenzungserfordernisse und Unwirksamkeitsfolgen formularmäßiger Kostenelemente- und Preisvorbehaltsklauseln, AcP 2009, 84, 85.

4 Vgl. BGH NJW 2007, 1054, 1055 (Flüssiggas II); NJW-RR 2008, 134 ff. (Internetzugang); NJW 2008, 360, 361 (Pay-TV); BGHZ 176, 244, 249; BGHZ 180, 257, 266; BGH NJW 2009, 2667, 2669; Bamberger/Roth/Becker, BGB, Stand 01.02.2007, Edition 15, § 309 Nr.1 Rn 18 ff.; Borges ZIP 2007, 1437, 1438 ff.; Hermann, Preisänderungsklauseln in Elektrizitätsversorgungsverträgen und AGB-Gesetz, RdE 1982, 50; MüKo/Kieninger, BGB, 5. Aufl. 2007, § 307 Rn 90; Rott, Rechtmäßigkeit von Gaspreiserhöhungen aufgrund von AGB-Klauseln, VuR 2006, 283, 284; ders., Preiserhöhungsklauseln der Gasbranche unter

erreicht wird, muss eine Reihe von Voraussetzungen erfüllt sein, deren Einhaltung vor allem in der AGB-Kontrolle geprüft wird.

Preisänderungsvorbehalte sind im Rahmen der AGB-Kontrolle sowohl hinsichtlich der Transparenz als auch hinsichtlich ihrer inhaltlichen Angemessenheit zu überprüfen. Unter dem Gesichtspunkt der Transparenz ist erforderlich, dass der Vertragspartner aus der Klausel erkennen kann, in welchem Umfang Preiserhöhungen auf ihn zukommen können, und er muss die Berechtigung der Preiserhöhung in etwa überprüfen können.[5] Leitgedanke der Angemessenheitskontrolle ist der Grundsatz, dass der Preisänderungsvorbehalt keine nachträgliche Änderung des vertraglich vereinbarten Äquivalenzverhältnisses ermöglichen darf.[6]

Aus diesem Grundgedanken ergeben sich umfangreiche Anforderungen an die Transparenz (sogleich II.) und an die inhaltliche Angemessenheit von Preisänderungsvorbehalten (unten III.). Der nachfolgende Beitrag erörtert diese Anforderungen unter besonderer Berücksichtigung der in der aktuellen Rechtsprechung genannten Aspekte der Verpflichtung zur Preissenkung (III. 2.) und der Möglichkeit des Ausgleichs nachteiliger Klauseln durch ein Vertragslösungsrecht des Kunden (IV.), insbesondere aber die AGB-rechtliche Beurteilung von Preisänderungsvorbehalten, die an gesetzliche Preisanpassungsermächtigungen angelehnt sind (V.).

II. Anforderungen an die Transparenz

Die Anforderungen an die Transparenz von Preisänderungsvorbehalten sind umstritten. Die Rechtsprechung stellt in jüngerer Zeit ausgesprochen hohe Anforderungen, wobei die Entscheidungen durchaus divergieren. Die Literatur sieht diese Rechtsprechung überwiegend kritisch.[7]

Leitgedanke für die Transparenzanforderungen ist, dass der Vertragspartner Grund und Ausmaß einer etwaigen Preisänderung erkennen kann.[8] Er muss also schon anhand der Preisanpassungsklausel erkennen können, welche Kostenverände-

5 BGHZ 94, 335, 340; BGH NJW 1986, 3134, 3136; Beckmann, Zulässigkeit von Preis- und Prämienanpassungsklauseln, 1990, S. 110, 121 f.; Borges, Preisanpassungsklauseln in der AGB-Kontrolle, DB 2006, 1199 m. w. N.; Ulmer/Brandner/Hensen/Brandner, AGBG, 9. Aufl. 2001, § 9 Rz 97.

6 BGH NJW 1982, 331, 332; NJW 1985, 855, 856; BGHZ 94, 335, 339; NJW 1986, 3134, 3135; NJW 1990, 115; Borges DB 2006, 1199.; Kamanabrou, Vertragliche Anpassungsklauseln, 2004, S. 144 m. w. N.

7 Vgl. etwa Borges DB 2006, 1199, 1204; Büdenbender EWiR 2007, 261, 262; Schulze-Gardyan RdE 2009, 97, 98; Schmid, Die (intransparenten) Urteile des BGH zu Reisepreisänderungsklauseln - Kerosinzuschlag I und II, NJW 2003, 947, 948; Schöne, Zur Inhaltskontrolle von Preisanpassungsklauseln in Energielieferungsverträgen und zur Kompensation des Rechts auf einseitige Preisanpassung durch ein Sonderkündigungsrecht, ZIP 2007, 918, 919; Thomas AcP 2009, 84, 109 ff.; v. Westphalen, Das faktische Ende von Preisanpassungsklauseln, MDR 2008, 424, 426; a.A. dem BGH in Bezug auf Reiseverträge zustimmend Führich

rungen künftig zu einer Preisveränderung führen können, und ebenso in welchem Umfang sich der Preis in Abhängigkeit von einer Kostenposition ändert.

In beiden Aspekten geht die Rechtsprechung mitunter zu weit. So verlangt der BGH etwa in einer jüngeren Entscheidung, der Verwender habe die Pflicht zur Offenlegung "der einzelnen Kostenelemente sowie deren Gewichtung bei der Kalkulation des Gesamtpreises".[9] Teilweise wurde eine Intransparenz auch damit begründet, dass die Preisänderung an interne Rechengrößen gekoppelt war, die der Vertragspartner nicht kennen konnte.[10]

Diese hohen Anforderungen sind in der Literatur kritisiert worden.[11] Eine Preisanpassungsklausel, die detailliert alle maßgeblichen Kosten und ihr Gewicht für den Gesamtpreis angibt, käme letztlich einer vollständigen Kalkulation des Preises nahe. Eine solch detaillierte Berechnung kann schon deswegen nicht vom Transparenzgebot gefordert sein, weil sie für den durchschnittlichen Vertragspartner kaum verständlich und folglich ihrerseits intransparent wäre.[12]

Weiter wird zutreffend eingewandt, dass das Transparenzgebot nicht dazu führen dürfe, dass der Verwender zur Offenlegung seiner Kalkulation gezwungen werde.[13] Die Kalkulation ist ein Teil der unternehmerischen Leistung, mit der der Unternehmer im Wettbewerb steht. Durch die Pflicht zur Offenlegung der Kalkulation würde der Unternehmer des Werts dieser Leistung jedenfalls teilweise beraubt.[14]

Der BGH ist auf diese Kritik in der Weise eingegangen, dass er in seiner aktuellen Rechtsprechung eine Ausnahme von diesem Erfordernis zugesteht. So soll eine Pflicht zur Offenlegung der einzelnen Kostenelemente und ihres Gewichts nicht bestehen, wenn dies zu „unüberwindbaren Schwierigkeiten" führt.[15] In diesem Fall soll es möglich sein, die fehlende Transparenz durch ein Kündigungsrecht des Kunden auszugleichen (dazu unten IV.) Außerdem betont der BGH jüngst im Zusammenhang mit der Preiskontrolle nach § 315 BGB (dazu unten V.2.), dass der Verwender ein legitimes Interesse daran haben kann, seine Kalkulation nicht offenzulegen.[16]

Wenn sich hierin ein Trend der Rechtsprechung zur Rücknahme der Anforderungen an die Transparenz zeigen sollte, wäre dies zu begrüßen. Leider fehlt es nach wie vor an Entscheidungen, die im konkreten Fall eine hinreichende Transparenz von Preisänderungsvorbehalten annehmen.

9 BGH NJW-RR 2008, 134 (Internetzugang); vgl. auch BGH NJW 2003, 507, 509 (Kerosinzuschlag I); NJW-RR 2005, 1717, 1718; NJW 2007, 1054, 1055 (Flüssiggas II).

10 BGH NJW-RR 2005, 1717 f.; BGH WRP 2007, 332, 333; OLG Düsseldorf, OLGR Düsseldorf 2008, 38, 39; OLG Köln, OLGR Köln 2006, 341 f.; OLG Stuttgart NJW-RR 2005, 858, 860.

11 Borges DB 2006, 1199; Schulze-Gardyan RdE 2009, 97, 98; Schmid NJW 2003, 947, 948; Schöne ZIP 2007, 918, 919; Thomas AcP 2009, 84, 109 ff.; v. Westphalen MDR 2008, 424, 426.

12 Borges ZIP 2007, 1437, 1440.

13 Borges DB 2006, 1199, 1202; ders. ZIP 2007, 1437, 1440.

14 Borges DB 2006, 1199, 1202; ders. ZIP 2007, 1437, 1440.

In der Sache erscheint es nach wie vor überzeugend, dass die AGB-Kontrolle keine überzogenen Anforderungen an die Transparenz von Preisänderungsvorbehalten stellen darf, da der Verwender nicht verpflichtet ist, in seinen AGB die Kalkulation seiner Preise offenzulegen. Daher ist es nicht erforderlich, dass der Kunde schon anhand der Klausel und öffentlich verfügbarer Informationen eine Preisänderung genau berechnen kann. Die anerkannte Leitlinie für die Transparenzanforderungen ist, dass der Kunde anhand der Klausel erkennen kann, welche Kostenveränderungen zu Preisanpassungen führen können, und dass er das Ausmaß der Preissteigerungen in etwa abschätzen kann.[17] Eine zentrale Voraussetzung für die Transparenz der Klausel ist daher, dass die Klausel die Kostengruppen vollständig angibt, deren Veränderung zu Preisanpassungen führen kann, und dass klargestellt wird, dass die Preisanpassung in dem Umfang erfolgt, in dem sich die Gesamtkosten aufgrund der Veränderung der jeweiligen Kostengruppe ändern. Mit dieser Information ist eine grobe Schätzung einer zu erwartenden Preissteigerung ermöglicht und sind die Anforderungen an die Transparenz der Klausel erfüllt.

III. Angemessenheit

1. Überblick

Hinsichtlich der Angemessenheit des Preisänderungsvorbehalts haben sich in einer Reihe von Fragen einige gefestigte Grundsätze herausgebildet. Einige Entscheidungen hatten insbesondere das Ermessen des Verwenders über eine Preiserhöhung bei Kostensteigerungen in Frage gestellt.[18] In Übereinstimmung mit der Literatur stellt der BGH klar, dass es nicht zu beanstanden ist, wenn der Preisänderungsvorbehalt es in das Ermessen des Verwenders stellt, ob er bei Kostensteigerungen den Preis erhöht oder nicht.[19]

Aus dem Grundsatz, dass ein Preisanpassungsrecht keine nachträgliche Veränderung des vertraglichen Äquivalenzverhältnisses ermöglichen darf, folgt aber, dass die Preiserhöhung auf den Ausgleich von Kostensteigerungen beschränkt sein muss.[20]

17 Siehe die Nachw. oben Fn. 5.

18 OLG Stuttgart NJW-RR 2005, 858, 859; LG Bremen ZIP 2006, 1301, 1303; ähnlich OLG Düsseldorf BB 1997, 699.

19 BGH NJW 2008, 2172 (Erdgas); NJW 2009, 2662, 2665 f.; NJW 2009, 2667, 2669 f.; Borges DB 2006, 1199, 1200; ders. ZIP 2007, 1437, 1439; Ohletz, Bonitätsorientierte Zinsänderungsklauseln in Verträgen mit Verbrauchern und Unternehmen, BKR 2007, 129, 133 (zu Zinsänderungsklauseln); a. A. Danzeisen, AGB-rechtliche Inhaltskontrolle von Preisanpassungsklauseln in Gaslieferungsverträgen mit Sonderkunden, ET 2007, 72, 74.

20 BGH NJW 1990, 115, 116; NJW 2003, 507, 509 (Kerosinzuschlag I); NJW-RR 2005, 1717;

Ebenso darf der Preisänderungsvorbehalt keine Preiserhöhung ermöglichen, wenn die Kostenerhöhung bei einem Kostenfaktor durch Kostensenkungen in anderen Bereichen ausgeglichen wird.[21]

Unklar ist bisher noch, ob Einschränkungen hinsichtlich der Kostengruppen bestehen, die eine Preiserhöhung rechtfertigen können. In der Praxis beziehen sich Preisänderungsvorbehalte oft auf Kostensteigerungen der Vorlieferanten. In diesem Fall können Steigerungen etwa der Verwaltungskosten keine Preiserhöhung rechtfertigen. Teilweise wurde vertreten, eine Preissteigerung dürfe sich nur auf Steigerung von Kosten beziehen, die durch die Marktverhältnisse vorgegeben werden, nicht aber auf solche, die in die Risikosphäre des Verwenders fielen, wie etwa Lohnkosten.[22] Eine solche Beschränkung wird in Rechtsprechung und Literatur zu Recht abgelehnt, da sie auf unüberwindbare Abgrenzungsschwierigkeiten stieße und bei Dauerschuldverhältnissen zu einer einseitigen Belastung des Lieferanten führte, der auch bei internen Kosten wie Lohnkosten etc. Kostensteigerungen nicht vermeiden kann.[23] Der BGH hat zu dieser Frage bisher nicht ausdrücklich Stellung genommen, die Beschränkung der Preiserhöhung auf Kostensteigerungen bei Vorlieferanten bisher aber nicht gefordert, sondern eine Berücksichtigung sämtlicher Kosten zugelassen.[24]

2. Die Pflicht zur Preisverringerung bei Kostensenkung

Zu den grundlegenden Aspekten des Preisänderungsvorbehalts als Institut der Vertragsgestaltung in längerfristigen Lieferbeziehungen gehört die Frage, ob Preisänderungsvorbehalte nur wirksam sind, wenn sie beidseitig wirken, also nicht nur ein Recht zur Preiserhöhung bei Kostensteigerungen einräumen, sondern zugleich auch eine Verpflichtung zur Preissenkung bei Verringerung der Kosten enthalten.

a) Die bisherige Diskussion

Diese Frage wird seit langem diskutiert. Für Zinsanpassungsklauseln besteht seit langem Einigkeit darin, dass die Verpflichtung zur Preissenkung eine Wirksam-

BGB, Stand 01.11.2009, Edition 15, § 307 Rn 124a; Wolf/Horn/Lindacher/Wolf, AGBG, 4. Aufl. 1999, § 11 Nr. 1 Rn 36.

21 BGH DB 2005, 2813, 2814; NJW 2007, 1054 (Flüssiggas II); NJW 2008, 360, 361 (Pay-TV); OLG Köln, OLGR Köln 2006, 341, 342; LG Bremen ZIP 2006, 1301, 1304; LG Berlin Grundeigentum 2006, 1551, unter B 3; LG Dresden Urt. v. 30.06.2006, 10 O 3613/05, unter I 1; LG Leipzig NJ 2007, 33, unter I; differenzierend Borges ZIP 2007, 1437, 1439.

22 OLG Düsseldorf BB 1997, 699 f.; OLG Stuttgart NJW-RR 2005, 858, 859.

23 Beckmann (Fn. 5), S. 56 f.; Borges ZIP 2007, 1437, 1439; Kamanabrou (Fn. 6), S. 167; Bau-

keitsvoraussetzung des Rechts auf Zinsanpassung darstellt.[25] Umstritten ist hier lediglich, ob diese ausdrücklich in der Zinsanpassungsklausel enthalten sein muss, wie zunehmend angenommen wird,[26] oder ob es ausreicht, wenn sich die Pflicht der Klausel durch Auslegung entnehmen lässt, wie insbesondere der BGH früher entschied.[27] Diese Ansicht freilich ist mit den in der neueren Rechtsprechung genannten hohen Anforderungen an die Transparenz von Preisänderungsvorbehalten nicht vereinbar.

Außerhalb dieses Spezialfalls wurde diese Frage lange Zeit vernachlässigt. Hier hat sich aber ein entscheidender Wandel ergeben. Während nach der früher ganz h. M. eine Selbstverpflichtung zur Preissenkung bei Kostenreduktion keine Wirksamkeitsvoraussetzung für Preisänderungsvorbehalte war,[28] wird ein solches Erfordernis zunehmend befürwortet.[29] Neben den Extrempositionen werden mehrere differenzierende Lösungen vertreten: Nach der Ansicht von *Wolf* etwa soll danach unterschieden werden, ob für die jeweilige Kostenart ein Markt- oder Börsenpreis besteht.[30] *Kamanabrou* befürwortet eine Preissenkungspflicht in den Fällen, in welchen der Preis für Neukunden gesenkt wird.[31] Nach der vom Verfasser vertretenen

25 Siehe etwa BGH WM 1977, 834, 835; BGHZ 97, 212, 217; BGHZ 180, 257, 267; MüKo/Berger, BGB, 5. Aufl. 2008, § 488 Rn 174; Derleder, Transparenz und Äquivalenz bei bankvertraglicher Zinsanpassung, WM 2001, 2029, 2031; Kamanabrou (Fn. 6), S. 181 m. w. N.; Ohletz BKR 2007, 129, 133; Schimansky, Zinsanpassung im Aktivgeschäft, WM 2003, 1449, 1451; ders., Zinsanpassungsklauseln in AGB, WM 2001, 1169, 1173; K. Schmidt, Die Rechtsfolgen der Kündigung nach § 247 Abs. 1 BGB, BB 1982, 2075, 2078; Graf v. Westphalen, Unwirksame Entgelt- und Zinsanpassungsklausel in AGB-Sparkassen, BB 2009, 1436; Soergel/Stein, BGB, 12. Aufl., § 9 AGBG Rn 68.

26 So Derleder WM 2001, 2029, 2031; Habersack, Zinsänderungsklauseln im Lichte des AGBG und des VerbrKrG, WM 2001, 753, 758; Kamanabrou (Fn. 6), S. 144 ff., 203 ff.; Schimansky, Zinsanpassungsklauseln in AGB, WM 2001, 1169, 1173; v. Westphalen., in: Graf v. Westphalen, VertragsR und AGB-Klauselwerke, Teil 1, 21, Rn 28.

27 BGH NJW 1986, 1803, 1804; Canaris, Schranken der Privatautonomie zum Schutze des Kreditnehmers, ZIP 1980, 709, 720; Köndgen, Gewährung und Abwicklung grundpfandrechtlich gesicherter Kredite, 3. Aufl. 1994, S. 171; Schwarz, Der variable Zins: Zinsanpassungsklauseln in vorformulierten Kreditverträgen, 1989, S. 80 f.

28 BGH NJW 1985, 426; OLG Düsseldorf NJW 2002, 447, 448; Beckmann, Zulässigkeit von Preis- und Prämienanpassungsklauseln, 1990, S. 60 f.; Staudinger/Eckert, Neubearb. 2003, § 651a Rn 139; ders., Preiserhöhungsklauseln im Reisevertrag auf der Grundlage der Rechtsprechung des Bundesgerichtshofs, RRa 2005, 3, 4; Hau, Vertragsanpassung und Anpassungsvertrag, 2004, S. 364 f.; ebenso Schmid NJW 2003, 947, 948; differenzierend bei Dauerschuldverhältnissen Bamberger/Roth/Becker, BGB, Stand 01.02.2007, Edition 15, § 309 Nr. 1 Rn 24.

29 LG Dresden Urt. v. 30.06.2006, 10 O 3613/05, unter I 1; LG Bonn Urt. v. 07.09.2006, 8 S 146/05, unter II 1 b bb; Bamberger/Roth/Becker (Fn. 4) § 309 Nr. 1 Rn 24; MüKo/Tonner, BGB, 5. Aufl. 2009, § 651a Rn 107; zum Reiserecht vgl. Führich, ReiseR, 4. Aufl. 2002, Rn 154; ders., Preisänderungen beim Reisevertrag, NJW 2000, 3672, 3674.

30 Wolf (Fn. 20) § 11 Nr. 1 Rn 51; ders., Preisanpassungsklauseln in Allgemeinen geschäftsbedingungen unter Kaufleuten, ZIP 1987, 341, 351; ebenso Wolf/Lindacher/Pfeiffer/Dammann

Ansicht ist eine spiegelbildliche Preissenkungspflicht erforderlich, die sich auf alle Kosten bezieht, deren Änderung zur Preiserhöhung berechtigten soll.[32]

b) Die aktuellen BGH-Urteile

In seinen jüngsten Urteilen hat der BGH frischen Wind in diese Diskussion gebracht. In einem Urteil von 2008 hielt der Kartellsenat einen Preisänderungsvorbehalt in einem Energieliefervertrag (Erdgas, Sonderabnehmer) ausdrücklich auch deshalb für unwirksam, weil eine (ausdrückliche) Verpflichtung zur Preissenkung bei Verringerung der Kosten fehlte.[33]

In seinem jüngsten Urteil zu Preisanpassungsklauseln schließt sich der XI. Senat dieser Sicht ausdrücklich an.[34] Die aktuelle Entscheidung ist besonders interessant, da der BGH sich hier auch auf Zinsanpassungsklauseln bezieht und ausdrücklich feststellt, dass die ausdrückliche Verpflichtung zur Preissenkung auch für Zinsanpassungsrechte gelte, da es sich hierbei lediglich um eine spezielle Ausprägung des Preisänderungsvorbehalts handele.[35] Seine entgegenstehende frühere Rechtsprechung[36] gibt der BGH in dieser Entscheidung ausdrücklich auf.[37]

In den jüngsten Entscheidungen zur Preisanpassung in Energielieferveträgen hat der VIII. Senat dieses Erfordernis ebenfalls ausdrücklich bejaht.[38]

c) Notwendige Selbstverpflichtung zur Preissenkung

Damit hat sich der BGH von seinem früheren Standpunkt vollständig gelöst und sich der neueren Auffassung angeschlossen. Diese damit nunmehr herrschende Ansicht verdient Zustimmung. Ein Preisänderungsvorbehalt ist im Grundsatz nur dann interessengerecht, wenn er beidseitig wirkt, denn nur dann wird das legitime Ziel dieser Klauseln, das vertragliche Äquivalenzverhältnis bei Änderung der Kosten zu erhal-

32 Borges DB 2006, 1199, 1203; ders. ZIP 2007, 1437, 1440.

33 BGHZ 176, 244, 249 (Erdgas); ebenso KG Urt. v. 28.10.2008, 21 U 160/06; zustimmend Büdenbender LMK 2008, 264558; wohl auch Rosin/Mätzig, Inhalte und Auswirkungen des Urteils des BGH-Kartellsenats vom 29. April 2008 auf die Inhaltskontrolle von Preisanpassungsklauseln in Gasversorgungsverträgen mit Endkunden, RdE 2008, 225, 226.

34 BGHZ 180, 257, 267.

35 BGHZ 180, 257, 268.

36 BGHZ 97, 212, 217f.; nachf. auch BGHZ 118, 126, 131; BGH NJW 1993, 3257, 3258.

37 BGHZ 180, 257, 269; zust. Fornasier, Zur AGB-Kontrolle von Entgeltklauseln, EWiR 2009, 303, 304; H. Schmidt LMK 2009, 286463; Graf v. Westphalen, Zur Frage der Wirksamkeit

ten, erreicht.[39] Dieser für Zinsanpassungsklauseln schon länger anerkannte Gesichtspunkt ist kein Spezifikum, sondern gilt genauso für andere Preise.

Der Interessenausgleich wird nur dann erreicht, wenn der Klauselverwender aus eigener Initiative die Preise senkt, nicht etwa schon dann, wenn die Klausel dem Kunden das Recht einräumt, bei Verringerung der Kosten eine Preissenkung zu verlangen.[40]

Eine Einschränkung freilich ist zu machen: Die Verpflichtung zur Preissenkung muss sich nur auf diejenigen Kostenfaktoren beziehen, die auch eine Preiserhöhung auslösen können. Wenn also beispielsweise eine Preiserhöhung auf die Erhöhung der Einkaufspreise beschränkt ist, können Kostenreduktionen im Verwaltungsbereich des Lieferanten keine Preissenkungspflicht auslösen. Dies folgt unmittelbar aus dem Gedanken der Beidseitigkeit der Preisanpassung.

Eine Ausnahme von dieser Pflicht wird man wohl auch dann zu machen haben, wenn eine Kostensenkung rein theoretisch erscheint.[41] Es erscheint unangemessen, die Möglichkeit der Preisanpassung hieran scheitern zu lassen.

3. Kündigungsrecht bei Preiserhöhungen

Weiter wird diskutiert, ob der Preisänderungsvorbehalt ein Kündigungsrecht des Vertragspartners für den Fall einer Preiserhöhung vorsehen muss, um einen angemessenen Interessenausgleich herbeizuführen. Dieser Aspekt ist zu unterscheiden von der derzeit viel diskutierten Frage, ob die Gewährung des Kündigungsrechts eine Kompensation für nachteilige Preiserhöhungsvorbehalte darstellen kann (dazu sogleich IV.).

Die herrschende Ansicht nimmt zutreffend an, dass ein Kündigungsrecht auch eine Wirksamkeitsvoraussetzung für das Recht zur Preiserhöhung sein kann.[42] Derartige Vertragslösungsrechte sind teilweise gesetzlich geregelt, etwa für Versicherungsverträge (§ 40 I VVG, zuvor schon § 31 I VVG a.F.) oder für Reiseverträge (§ 651a V 1 BGB). Auch über diese Fälle hinaus ist ein Vertragslösungsrecht für den Fall der Preiserhöhung regelmäßig ein notwendiges Element eines angemesse-

39 Borges DB 2006, 1199, 1203; ders. ZIP 2007, 1437, 1441; Büdenbender NJW 2009, 3125, 3129; Schmidt LMK 2009, 286463.

40 BGH NJW-RR 2005, 1717, 1718; Borges DB 2006, 1199, 1203; wohl auch BGH NJW 2008, 2172, 2174; BGH NJW 2009, 2662, 2666.

41 Borges ZIP 2007, 1438, 1441.

42 BGH NJW 1982, 331, 332 (betr. Neuwagenkauf); BGH NJW 1986, 3134, 3135; OLG Frankfurt NJW-RR 1987, 1462, 1463; OLG München NJW-RR 1989, 46, 47; LG Dresden Urt. v. 17.08.2006, 6 O 3611/05, unter I; LG Köln NJW-RR 1987, 885; Bamberger/Roth/Becker (Fn. 4) § 309 Nr. 1 Rn 28 f. (nicht für Preiserhöhungen, die Inflationsausgleich vornehmen); Beckmann (Fn. 5), S. 115 (für einmalige Leistungsaustauschverhältnisse), S. 123 (für Dauerschuldverhältnisse); Borges DB 2006, 1199, 1203; ders. ZIP 2007, 1437, 1441;

nen Interessenausgleichs, da der Kunde aufgrund einer Preiserhöhung kein Interesse an der Leistung haben mag.[43] Ein solches Kündigungsrecht für den Fall der Preiserhöhung muss aber nur für den Fall einer erheblichen Preiserhöhung vorgesehen werden, da ein derartiger Interessenfortfall bei einer geringfügigen Preiserhöhung nicht anzunehmen ist.[44]

IV. Ausgleich durch Kündigungsrecht

1. Wirksame Kompensation durch Kündigungsrecht

Zu den derzeit am meisten diskutierten Aspekten der AGB-Kontrolle von Preisänderungsvorbehalten gehört die Möglichkeit, nachteilige Aspekte von Preisänderungsvorbehalten durch ein Kündigungsrecht des Kunden auszugleichen, so dass ein Preisänderungsvorbehalt, der den allgemeinen Anforderungen an die Wirksamkeit von Preisänderungsvorbehalten nicht entspricht, wegen der Kündigungsmöglichkeit wirksam ist.

Der BGH hat diese Möglichkeit im Grundsatz traditionell anerkannt,[45] allerdings nur selten im konkreten Fall eine Kompensation angenommen.[46]

In aktuellen Entscheidungen hat der BGH im Grundsatz bekräftigt, dass ein Vertragslösungsrecht einen angemessenen Interessenausgleich herbeiführen kann, diese Möglichkeit zugleich aber auf den Aspekt der Transparenz eingeschränkt. Danach kommt eine Kompensation durch Vertragslösungsrecht in Betracht, wenn eine unter Transparenzgesichtspunkten hinreichende Beschreibung der maßgeblichen Kostenfaktoren (dazu oben II.) wegen der Vertragsart „auf unüberwindbare Schwierigkeiten" stößt.[47] Im konkreten Fall nahm der BGH aber jeweils keine gelungene Kompensation an.[48]

Jedenfalls für diesen engen Ausnahmetatbestand – Unmöglichkeit vollständiger Beschreibung der Kostenfaktoren – ist die Kompensationsmöglichkeit durch Kündigungsrecht unstreitig.[49] In der Literatur wird darüber hinaus teilweise auch generell

43 Borges, in Abels/Lieb (Hrsg.), AGB im Spannungsfeld zwischen Kautelarpraxis und Rechtsprechung, 2007, S. 51, 62.

44 Borges ZIP 2007, 1438, 1441; Wolf/Lindacher/Pfeiffer/Dammann (Fn. 30) § 309 Nr. 1 Rn. 131.

45 BGHZ 82, 21, 27 f. (Tagespreisklausel I); BGHZ 93, 252, 263; BGH NJW 1980, 2518, 2519; NJW 1980, 2518, 2519; NJW 1986, 3134, 3136; NJW-RR 1988, 819, 821; NJW 2007, 1054, 1056 (Flüssiggas II); NJW 2008, 360, 361 (Pay-TV).

46 So aber etwa in BGHZ 90, 69, 73 ff. (Tagespreisklausel II).

47 BGH NJW 2008, 360, 361 (Pay-TV); vgl. auch BGH NJW 2009, 2662, 2666; NJW 2009, 2667, 2670.

48 BGH NJW 2007, 1054, 1056 (Flüssiggas II); NJW 2008, 360, 361 (Pay-TV); NJW 2009, 2662, 2666; NJW 2009, 2667, 2670; vgl. auch BGHZ 82, 21, 27 f.; BGH NJW 1980, 819

eine Ausgleichsmöglichkeit durch Kündigungsrecht befürwortet,[50] wobei nicht immer klar ist, ob sich die Kompensationsmöglichkeit ausschließlich auf die Transparenzanforderungen oder auch auf Aspekte der inhaltlichen Angemessenheit beziehen soll.

Der BGH hat in seinen jüngsten Urteilen ausdrücklich offengelassen, ob die Unangemessenheit von Preisänderungsklauseln durch ein Kündigungsrecht stets kompensiert werden kann.[51]

2. Voraussetzungen der Kompensation

Ausgangspunkt für diese Kompensationsmöglichkeit muss die Frage sein, ob durch das Kündigungsrecht ein angemessener Interessenausgleich hergestellt wird. Dies ist möglich, allerdings wird der Interessenausgleich nur unter recht hohen Voraussetzungen erreicht. So dürfen dem Kündigungsrecht keine faktischen Ausübungshindernisse entgegenstehen.[52] Insbesondere darf der Verwender die Vertragsbeendigung nicht durch wirtschaftliche Nachteile erschweren, wie etwa durch – früher durchaus verbreitete – Bearbeitungsgebühren etc.[53] Es muss aber auch die realistische Möglichkeit eines Lieferantenwechsels bestehen, woran es etwa bei einer Monopolstellung des Verwenders fehlt.[54]

Darüber hinaus muss auch im Falle der Kündigung die Gewährleistung der Vertragsamortisation für den Kunden gesichert sein.[55] Daran fehlt es etwa, wenn im Fall der Kündigung Investitionen in die konkrete Vertragsbeziehung leer liefen.[56] Ein illustratives Beispiel für diese Schwierigkeiten liefert eine Entscheidung des BGH zu

50 MüKo/Basedow, BGB, 4. Aufl. 2003, § 309 Rn 21; Staudinger/Coester-Waltjen, AGBG, 13. Bearb. 1998, § 11 Nr. 1 AGBG Rn 21; Thomas AcP 209 (2009), 84, 115; Graf v. Westphalen., in: Graf v. Westphalen, Teil 1, Kapitel 21, Rn 35 ff.; a. A. Bamberger/Roth/Becker (Fn. 4) § 309 Nr. 1 Rn 29; Eckert RRa 2005, 3, 6; MüKo/Kieninger, BGB, 5. Aufl. 2009, § 309 Nr. 1 Rn 22.

51 BGH NJW 2009, 2662, 2666; NJW 2009, 2667, 2670; davor schon BGH NJW 2008, 360, 361 (Pay-TV); ebenso OLG Köln, OLGR Köln 2006, 341, 342 f.

52 BGH NJW 2007, 1054, 1056 (Flüssiggas II); OLG Köln, OLGR Köln 2006, 341, 343; LG Bremen ZIP 2006, 1301, 1305; Borges DB 2006, 1199, 1203 f.; ders. ZIP 2007, 1437, 1442; Rosin/Mätzig RdE 2008, 225, 227; wohl auch MüKo/Kieninger, BGB, 5. Aufl. 2009, § 309 Nr. 1 Rn 22; Schöne WM 2004, 262, 268; Thomas AcP 209 (2009), 84, 116.

53 BGH NJW 2007, 1054, 1056 (Flüssiggas II); OLG Köln, OLGR Köln 2006, 341, 343; Borges DB 2006, 1199, 1203 f.; ders. ZIP 2007, 1437, 1442; a. A Schöne ZIP 2007, 918, 919.

54 BGH NJW 2009, 2662, 2666; OLG Dresden Urt. v. 11.12.2006, U 1426/06 Kart, unter I 2 b bb; zuvor LG Berlin Grundeigentum 2006, 1551 (kein Ausgleich bei Monopolstellung des Verwenders); LG Bremen ZIP 2006, 1301, 1305; LG Dresden Urt. v. 30.06.2006, 10 O 3613/05, unter I 1; Borges DB 2006, 1099, 1203; ders. ZIP 2007, 1437, 1442; Ulmer/Brandner/Hensen/Brandner (Fn. 5) Anh. §§ 9 – 11 Rn 474; Ebel, Preisänderungsklauseln in Stromlieferungsverträgen für Sonderabnehmer nach Aufhebung des Preisstops von 1936, DB 1982, 2607, 2608; a. A. Thomas AcP 209 (2009), 84, 117.

Flüssiggaslieferverträgen.[57] Hier sah der Vertrag vor, dass ein Kunde im Fall der Kündigung keine Kostenerstattung für bei Vertragsende nicht verbrauchtes Flüssiggas erhielte. Der BGH hat hier zu Recht ein Ausübungshindernis für die Kündigung angenommen und eine Kompensation des Preiserhöhungsrechts verneint.[58]

Schließlich muss die Preiserhöhung auch rechtzeitig angekündigt werden, damit der Kunde hinreichend Gelegenheit hat, das Vertragslösungsrecht auszuüben.[59]

V. Verweis auf gesetzliche Preisanpassungsbefugnisse

1. Fallgruppen

In drei aktuellen Urteilen, die sich jeweils auf Preisänderungsvorbehalte bei Erdgaslieferverträgen beziehen, spricht der BGH einen hochinteressanten Fragenkomplex an: Die AGB-rechtliche Zulässigkeit der Bindung vertraglich vereinbarter Preise an die Veränderung von Tarifpreisen, also an Preise, die im Rahmen einer gesetzlichen Ermächtigung festgesetzt werden.

In allen drei Fällen handelte es sich um Erdgaslieferverträge für Sonderkunden, bei denen die Anpassung des Gaspreises an die Veränderung der Tarifpreise gebunden war. Diese Tarifpreise konnte der Lieferant kraft der gesetzlichen Ermächtigung in § 36 EnWG, § 5 II GasGVV bzw. der Vorgängernorm, § 4 II AVBGasV anpassen.[60]

In Bezug auf derartige gesetzliche Ermächtigungen gilt für die AGB-Kontrolle von Preisänderungsrechten eine klare Unterscheidung: Soweit das Recht zur Preisanpassung auf einer gesetzlichen Ermächtigung beruht, scheidet eine AGB-Kontrolle dieser Ermächtigungsgrundlage aus.[61] Dies gilt auch, wenn – innerhalb des Anwendungsbereichs der Ermächtigung – eine AGB (deklaratorisch) auf eine solche gesetzliche Ermächtigung verweist oder diese wiedergibt.[62]

Davon zu unterscheiden ist die hier interessierende Frage, wie Verweise auf gesetzliche Preissetzungsgrundlagen außerhalb ihres Anwendungsbereichs oder Verweise auf die danach festgesetzten Preise AGB-rechtlich zu würdigen sind. Dabei sind zwei Fallkonstellationen zu unterscheiden: So kann ein Preisänderungsvorbehalt auf Preise verweisen, die im Rahmen einer gesetzlichen Ermächtigung gebildet

57 BGH NJW 2007, 1054 (Flüssiggas II).

58 BGH NJW 2007, 1054, 1056 (Flüssiggas II).

59 BGH NJW 2007, 1054, 1056; NJW 2009, 2662, 2666; Borges ZIP 2007, 1437, 1443; Schöne WM 2004, 262, 268; ders., in: Graf v. Westphalen (Fn. 26), Teil 3, Rn 86; Wolf ZIP 1987, 341, 349.

60 § 36 EnWG verpflichtet den Grundversorger, allgemeine Preise zu veröffentlichen und zu diesen Preisen alle Haushaltskunden des betreffenden Netzgebietes zu allgemeinen Preisen mit Energie zu versorgen. Diese Pflicht impliziert das Recht, diese allgemeinen Preise einseitig festzusetzen und anzupassen.

werden, also etwa ein Verweis auf Tarifpreise oder deren Änderung. Diese Konstellation lag dem Urteil des BGH vom 27.12.2008[63] zugrunde, bei dem die Preisanpassungsklausel im Sonderkundenvertrag auf Änderungen der Tarifpreise verwies.[64]

Eine andere Konstellation ergibt sich, wenn nicht der Preis, sondern das zugrundeliegende Preisanpassungsrecht der gesetzlichen Ermächtigung übertragen wird. Vertragstechnisch kann dies dadurch geschehen, dass die Vertragsklausel auf ein Gesetz verweist, das ein Preisanpassungsrecht enthält, etwa durch eine Gesamtverweisung auf Verordnungen wie die GasGVV oder die frühere AVBGasV. Alternativ kann die gesetzliche Preisanpassungsermächtigung textlich in den Vertrag übernommen werden. Diese Situation ist in den beiden BGH-Urteilen vom 15.7.2009[65] angesprochen. Hier hatte der Lieferant ein Preisanpassungsrecht „entsprechend § 5 II GasGVV“ vereinbart.[66]

In diesen Fallgruppen stellt sich ungeachtet einer Reihe von Unterschieden dieselbe Grundsatzfrage, ob im Fall einer solchen vertraglichen Bindung der Preisanpassung an ein gesetzliches Preisanpassungsrecht oder an die danach gebildeten Preise andere Anforderungen hinsichtlich der Angemessenheits- und Transparenzkontrolle gelten als es im Übrigen der Fall ist. Diese Frage wird nachfolgend am Gegenstand der BGH-Entscheidung, der Kontrolle der Preisanpassung für Sonderkunden, erörtert.

2. Konflikt zwischen GVV und AGB-Anforderungen

Das EnWG regelt das Preisanpassungsrecht nur implizit durch die Pflicht zur Festsetzung von Preisen. Auch die Grundversorgungsverordnungen enthalten nur eine rudimentäre Regelung des Preisanpassungsrechts.[67] Die GVVen regeln ausdrücklich nur die Pflicht zur Ankündigung einer beabsichtigten Preiserhöhung und die Vor-

63 BGHZ 179, 186.

64 Die Klausel lautete: „Der vorstehende Gaspreis ändert sich, wenn eine Änderung der allgemeinen Tarifpreise eintritt.“

65 BGH NJW 2009, 2662; NJW 2009, 2667.

66 Die Klausel lautete: „X (Lieferant) darf den Festpreis und den Verbrauchspreis entsprechend § 5 II GasGVV anpassen. Es handelt sich um eine einseitige Leistungsbestimmung, die wir nach billigem Ermessen ausüben werden. Soweit sich der Festpreis oder der Verbrauchspreis ändert, können Sie den Vertrag entsprechend § 20 GasGVV kündigen.“

67 § 5 GasGVV lautet: (2) Änderungen der Allgemeinen Preise und der ergänzenden Bedingungen werden jeweils zum Monatsbeginn und erst nach öffentlicher Bekanntgabe wirksam, die mindestens sechs Wochen vor der beabsichtigten Änderung erfolgen muss. Der Grundversorger ist verpflichtet, zu den beabsichtigten Änderungen zeitgleich mit der öffentlichen Bekanntgabe eine briefliche Mitteilung an den Kunden zu versenden und die Änderungen auf seiner Internetseite zu veröffentlichen. (3) Änderungen der Allgemeinen Preise und der ergänzenden Bedingungen werden gegenüber demjenigen Kunden nicht wirksam, der bei einer fristgemäßen Kündigung des Vertrages mit dem Grundversorger die Einleitung eines Wech-

aussetzungen, unter denen ein Kunde die Preiserhöhung vermeiden kann. Das Recht zur Preisanpassung wird in § 5 II GasGVV vorausgesetzt.[68]

Damit fehlen ausdrückliche Regeln zu den Voraussetzungen und zum Umfang einer Preisanpassung. Auch eine Pflicht zur Preissenkung ist in der GVV nicht angesprochen. Eine vertragliche Preisanpassungsklausel, die wie § 5 II der GVV lautet, würde daher den allgemeinen Anforderungen, die sich aus § 307 BGB an die Wirksamkeit von Preisänderungsvorbehalten ergeben, nicht gerecht, wie der BGH in den jüngsten Urteilen ausdrücklich einräumt.[69]

Auch bei Vorliegen einer gesetzlichen Ermächtigung zur Preisänderung, wie im Fall des § 36 EnWG, ist der Versorger hinsichtlich der Preisanpassung aber nicht etwa frei. Vielmehr ergeben sich materiellrechtliche Anforderungen an die Preisanpassung aus der nachträglichen Kontrolle nach § 315 BGB. Hier stellt der BGH in seiner aktuellen Rechtsprechung ähnliche Anforderungen wie im Rahmen der AGB-Kontrolle. Auch im Rahmen des § 315 BGB ist die Erhaltung des vertraglichen Äquivalenzverhältnisses das legitime Ziel der Preisanpassung.[70] Entsprechend darf eine Preisanpassung nicht zur Erhöhung des Gewinns des Lieferanten führen.[71] Hingegen ist eine Preiseinpassung, die lediglich Kostensteigerungen ausgleicht, nicht unbillig.[72] Der BGH differenziert sogar noch weiter und stellt klar, dass eine Kostensteigerung eine Preiserhöhung nicht legitimiert, soweit sie durch Kostensenkungen in anderen Bereichen ausgeglichen wird.[73] Schließlich sind nach Auffassung des BGH nur solche Kostensteigerungen zu berücksichtigen, die der Lieferant nicht zumutbar vermeiden konnte.[74] Danach können insbesondere Kostensteigerungen, die bei Einkauf zu marktüblichen Konditionen vermieden werden könnten, nicht weitergegeben werden.

Vergleicht man diese Kriterien mit den Voraussetzungen für die Wirksamkeit eines Preisänderungsvorbehalts (oben III.), ergibt sich eine auf den ersten Blick verblüffende Übereinstimmung. Die nachträgliche Kontrolle des festgelegten Preises nach § 315 BGB ist freilich kein Ersatz für die AGB-Kontrolle von Preisänderungsvorbehalten. Vielmehr erfolgt die AGB-Kontrolle vertraglicher Preisanpassungsklauseln und die Kontrolle des festgelegten Preises nach § 315 BGB kumulativ.[75]

Damit bestehen gravierende Unterschiede in der Kontrolldichte gesetzlicher Preisänderungsrechte und vertraglicher Preisänderungsrechte, da die AGB-Kontrolle bei gesetzlichen Preisänderungsrechten ersatzlos entfällt.[76] Insbesondere besteht die Möglichkeit der AGB-rechtlichen Verbandsklage nicht. Somit gelten zwar dieselben

68 BGH NJW 2009, 2667, 2668.
69 BGH NJW 2009, 2662, 2665; NJW 2009, 2667, 2669.
70 Vgl. BGHZ 176, 244, 255; 178, 362, 373.
71 Vgl. BGHZ 178, 362, 373.
72 Vgl. BGHZ 172, 315, 322; BGHZ 178, 362, 375.
73 Vgl. BGHZ 172, 315, 324; 178, 362, 378.
74 BGHZ 178, 362, 376.
75 BGH NJW 2009, 2662, 2665.

inhaltlichen Anforderungen an einseitige Preisänderungen, die Kontrolldichte ist aber völlig unterschiedlich.

Der Sache nach wirken gesetzliche Ermächtigungen, die – wie § 36 EnWG i. V. m. den GVVen – ein Preisanpassungsrecht ohne inhaltliche Vorgaben gewähren, als Privilegierungen, jedenfalls in Bezug auf die prozessuale Kontrolldichte.

3. Übertragung der gesetzlichen Privilegierung auf Sonderabnehmer

Dieser Befund zwingt bei Energielieferverträgen zu der Frage, ob diese gesetzliche Privilegierung in der Weise auf Sonderabnehmer zu übertragen ist, dass die AGB-Kontrolle des Preisänderungsvorbehalts, das auf die gesetzliche Regelung oder die danach gebildeten Preise verweist, ausgeschlossen sein soll.

a) Die aktuelle Rechtsprechung des BGH

Der BGH geht in seinen parallelen Entscheidungen vom 15.7.2009 hiervon aus und nimmt ausdrücklich an, ein Preisänderungsvorbehalt, der der GVV entspricht, sei wirksam. Zwar seien die allgemeinen AGB-rechtlichen Anforderungen an Preisänderungsvorbehalte nicht erfüllt. Jedoch müsse es den Lieferanten nach der Intention des Gesetzgebers möglich sein, Sonderkunden zu denselben Bedingungen zu beliefern wie Tarifkunden.[77]

Diese Entscheidung des BGH kann nicht uneingeschränkt überzeugen. Der Wortlaut des Gesetzes enthält keinen Hinweis auf eine Befreiung von den AGB-rechtlichen Anforderungen an Preisänderungsvorbehalte, die auf Tarifpreise verweisen.

Die Intention des Gesetzgebers, auf die der BGH sich bezieht, ist eine Passage in der Begründung des Regierungsentwurfs zur Schuldrechtsmodernisierung. Diese enthält zwar in der Tat die vom BGH zitierte Aussage.[78] Eine klare gesetzgeberische Entscheidung für die sehr spezielle Fragestellung, ob die Versorger bei der Gestal-

77 BGH NJW 2009, 2662, 2664; NJW 2009, 2667, 2669.

78 Die Passage lautet: „[§ 310] Absatz 2 übernimmt die bisherige Ausnahme des § 23 Abs. 2 Nr. 3 AGBG. Danach gelten die bisherigen §§ 10, 11 AGBG (= §§ 308, 309 RE) nicht für Verträge mit Sonderabnehmern von Strom und Gas, es sei denn, dass die Verträge Abweichungen von den Verordnungen über Allgemeine Bedingungen für die Versorgung mit Elektrizität bzw. Gas, die für den Regelfall der typisierten Vertragsbeziehungen der Versorgungsunternehmen zu Tarifkunden den Inhalt der Versorgungsverträge bestimmen, vorsehen. Hinter dieser Ausnahme steht der Gedanke, dass Sonderabnehmer, auch wenn sie Verbraucher sind, keines stärkeren Schutzes bedürfen als Tarifabnehmer,

tung von Preisänderungsvorbehalten von den allgemeinen Anforderungen des AGB-Rechts befreit sein sollten, lässt sich daraus aber kaum ableiten.

Dieser Gedanke der Gleichbehandlung war bereits Grundlage für die Vorläufernorm des jetzigen § 310 BGB, § 23 AGBG. Bei Erlass des AGB-Gesetzes begründete der historische Gesetzgeber die Ausnahme mit der angestrebten Gleichbehandlung von Tarifkunden und Sondervertragskunden.[79] Der BGH dehnt die Reichweite dieses Grundsatzes aber in erstaunlicher Weise aus. Der historische Gesetzgeber des AGBG von 1976 hatte aus dieser Grundlage lediglich abgeleitet, dass die besonderen Klauselverbote der §§ 10 und 11 AGBG, nunmehr §§ 308, 309 BGB, keine Geltung hätten, welche bei Verträgen gegenüber Unternehmern ohnehin nicht maßgebend waren. Auch der Gesetzgeber der Schuldrechtsmodernisierung zog aus diesem Gleichbehandlungsgedanken keine weitere Konsequenz, als diese Ausnahmen in das BGB zu überführen. Die praktische Bedeutung dieser Ausnahme wird im Übrigen allgemein als gering eingeschätzt, zumal die Wertungen der §§ 308 und 309 BGB der Sache nach auch im Rahmen des § 307 BGB Geltung beanspruchen.

Die historische Auslegung stützt das Ergebnis des BGH also gerade nicht, da der historische Gesetzgeber eindeutig weniger weitreichende Folgen aus dem vom BGH angeführten Grundsatz gezogen hat.

Auch die systematische Auslegung des Gesetzes spricht gegen die Ansicht des BGH. Zwar kennt das Gesetz auch die vollständige Befreiung bestimmter Regelwerke von der AGB-Kontrolle. So ist die AGB-Kontrolle von Verträgen, die die VOB/B unverändert inkorporieren, durch die gesetzliche Ausnahme nach § 310 BGB explizit ausgeschlossen. Eine solche Ausnahme besteht für Verträge, die die GVV übernehmen, gerade nicht.

Als Zwischenergebnis zeigt sich, dass die Behauptung des BGH, der Gesetzgeber habe die AGB-Kontrolle der Preisänderungsvorbehalte bei Sonderkunden wegen des Grundsatzes der Gleichbehandlung von Grundversorgungs- und Sonderkunden ausschließen wollen, nicht überzeugt, da das Gesetz eine solche weitgehende Folge gerade nicht anordnet.

79 Vgl. amtl. Begr. zum RegE, BT-Drucks. 7/3919, 42 („Wie bisher sollen die Versorgungsbedingungen auch künftig nur für den Tarifabnehmerbereich Verbindlichkeit erlangen. In der Praxis erfolgt die Versorgung von Sonderabnehmern allerdings häufig ganz oder teilweise ebenfalls zu diesen Bedingungen. Dies entspricht nicht nur dem Gebot sachlicher Gleichbehandlung, sondern vor allem auch der Praktikabilität. Abs. 2 Nr. 2 läßt es deshalb auch wei-

b) Ausschluss der AGB-Kontrolle von Preisänderungsvorbehalten aus Gleichheitsgründen?

Die entscheidende Frage muss sein, ob die vom BGH postulierte Gleichbehandlung von Grundversorgungs- und Sonderkunden hinsichtlich der AGB-Kontrolle von Preisänderungsvorbehalten nach dem Sinn und Zweck des Gesetzes erforderlich ist. Diese Frage ist verwandt mit der Diskussion, ob den Regeln der GVV für die AGB-Kontrolle eine Leitbildfunktion zukommt. Soweit man nämlich eine Leitbildfunktion bejaht, ist nach der Wertung des § 307 II BGB eine vertragliche Klausel, die dem gesetzlichen Leitbild entspricht, regelmäßig angemessen. Allerdings wird die Leitbildfunktion der GVV und ihrer Vorgängernormen, der AVB, sehr differenziert und kontrovers beurteilt. Der BGH spricht von einer „Leitbildfunktion im weiteren Sinne",[80] die kein gesetzliches Leitbild i. S. des § 307 II BGB darstellt,[81] und entnimmt dieser lediglich ein „Indiz" für eine angemessene Interessenabwägung.[82]

Ein Grundsatz der Gleichbehandlung von Grundversorgungs- und Sonderkunden lässt sich bei Haushaltskunden zweifellos vertreten, da es sich um eine gleichartige Kundengruppe handelt. Der BGH hat daher schon mehrfach auf diesen Grundsatz verwiesen.[83] Dies bedeutet aber nicht notwendig, dass dies auch hinsichtlich der Preisanpassungsregelung zu erfolgen hat. Maßgeblich muss vielmehr sein, ob die Regelung der GVV eine sachlich angemessene Regelung darstellt und ob die Interessenlage bei Grundversorgungs- und Sonderkunden hinsichtlich der Preisanpassung vergleichbar ist.

aa) Keine angemessene Preisanpassungsregelung in den GVV

Diese Voraussetzungen sind in Bezug auf die Regelung der Preisänderung offensichtlich nicht erfüllt. Das EnWG und die GVV enthalten, wie bereits (oben 2.) dargestellt, nur eine rudimentäre Regelung der Preisanpassung. Die materiellrechtlichen Vorgaben ergeben sich ausschließlich aus der nachträglichen Kontrolle der Preise nach § 315 BGB (s. oben 2.).

Diese Art der Preisregulierung überzeugt nicht. Die zivilrechtliche Kontrolle der Preisanpassung nach § 315 BGB ist für Massenvorgänge wie die Energieversorgung von Haushaltskunden ein ineffizientes Instrumentarium.[84] Dem Gesetzgeber des EnWG 2005 ist freilich zugute zu halten, dass diese Anforderungen erst nach Erlass des Gesetzes entwickelt wurden.

80 So in den beiden aktuellen Entscheidungen, NJW 2009, 2662, 2664; NJW 2009, 2667, 2669, aber auch schon in BGHZ 176, 244, 253; BGHZ 179, 186, 193.
81 So ausdrücklich und zutreffend in BGHZ 138, 118, 126 m. w. Nachw.
82 BGHZ 138, 118, 126 f.; BGHZ 179, 186, 193; BGH NJW 2009, 2667, 2669.
83 Vgl. zuletzt BGH NJW 2009, 2662, 2665; ferner BGHZ 138, 118, 127 f.; BGHZ 179, 186

Man kann erwägen, dass der Gesetzgeber in Bezug auf Energiepreise die AGB-Kontrolle grundsätzlich aufgeben und allein auf den Markt setzen wollte. Für ein solches Modell lassen sich gute Gründe anführen, ist doch Energie ein denkbar homogenes Gut, das sich wie kaum ein anderes für den Preiswettbewerb eignet. Allerdings zeigt sich in der Praxis bisher nicht, dass der Preiswettbewerb so reibungslos funktioniert, denn ansonsten müssten Anbieterwechsel im Bereich der Energieversorgung noch weitaus häufiger vorkommen als es bisher der Fall ist.

Das Ziel, die Preisfindung im Bereich der Energieversorgung dem Wettbewerb zu überlassen, spricht im Übrigen eher dafür, die Transparenz und inhaltliche Angemessenheit von Preisänderungsvorbehalten zu gewährleisten, da die Vergleichbarkeit von Preisen durch unklare Preisänderungsvorbehalte erschwert wird. Im Übrigen ist, auch wenn die Preiskontrolle durch den Wettbewerb erfolgen soll, nicht recht einzusehen, warum nur Energieversorger von der AGB-Kontrolle ausgenommen sein sollen, alle anderen Leistungserbringer in langfristigen Lieferbeziehungen aber darauf verwiesen werden sollen, die AGB-rechtlichen Anforderungen zu erfüllen.

bb) Keine Gleichbehandlung von Sonderkunden und Grundversorgungskunden

Es ist fraglich, ob Grundversorgungs- und Sonderkunden in Bezug auf die Preisanpassung eine homogene Gruppe darstellen. Die Kontrolle von Preisen in der gesetzlich geregelten Versorgung wurde zugunsten der kartellrechtlichen Missbrauchskontrolle nach § 29 GWB aufgegeben. Diese betrifft indes nur marktbeherrschende Unternehmen. Diese Situation mag in der Grundversorgung regelmäßig gegeben sein, da der Grundversorger oft nicht nur die meisten Haushaltskunden versorgt, sondern, wenn man den Markt auf das Netzgebiet der Versorgung bezieht, oft auch eine marktbeherrschende Stellung haben wird. Die Versorgung von Sonderkunden aber wird nicht ohne weiteres vom Inhaber einer marktbeherrschenden Stellung erfolgen, so dass dessen Preise regelmäßig nicht nach § 29 GWB kontrolliert werden können. Es entstünde also sogar ein Regulierungsdefizit zum Nachteil der Sonderkunden, wenn man hier die AGB-Kontrolle des Preisänderungsrechts negierte.

Es kann auch nicht richtig sein, dass, wie der weit formulierte Grundsatz des BGH indiziert, der isolierte Verweis auf die Preisregelung schon zum Ausschluss der AGB-Kontrolle führen sollte. Dies könnte vielmehr nur bei einem vollständigen Verweis auf die GVV anzunehmen sein, wie es ja auch bei der gesetzlichen Ausnahme zugunsten der VOB/B der Fall ist. Hier gilt die Befreiung von der Inhaltskontrolle nach dem eindeutigen Wortlaut des § 310 I 2 BGB nur, wenn auf die VOB/B insgesamt und unverändert verwiesen wird.

Aus teleologischer Sicht erscheint eine Übertragung der Privilegierung des § 36 EnWG auf Verträge außerhalb der Grundversorgung daher nicht zwingend. In Bezug auf die Regelung der Preisanpassung ist aufgrund des Auseinanderdriftens

rechtfertigen. Dann aber leuchtet es nicht ein, diese Privilegierung auf den Bereich der Sonderkunden zu übertragen, bei dem diese Legitimation nicht besteht.

cc) Ergebnis

Im Ergebnis lässt sich die These des BGH, dass Verträge mit Sonderkunden zum Zweck der Gleichbehandlung mit Grundversorgungskunden von der AGB-Kontrolle ausgenommen sein sollen, jedenfalls hinsichtlich der Preisänderungsvorbehalte und insbesondere bei den Transparenzanforderungen nicht überzeugend begründen.

Der Gedanke der Gleichbehandlung ist im Grundsatz sicher überzeugend. Der BGH dehnt diesen Grundgedanken aber ohne gesetzliche Grundlage und ohne sachliche Rechtfertigung auf die Regelung der Preisanpassung aus, in der schon die gesetzliche Regelung nicht überzeugend ist. Jedenfalls in Bezug auf Preisänderungsvorbehalte sollte die – vermutlich ungewollte – gesetzliche Privilegierung der Energieversorger im Grundversorgungsbereich nicht ausgedehnt werden. Stattdessen sollten die Voraussetzungen der Preisanpassung im Grundversorgungsbereich gesetzlich geregelt werden.

c) Anforderungen an Sonderabnehmer

Die Lösung des BGH, wonach die Versorger ein wirksames Preisanpassungsrecht durch schlichten Verweis auf die Regeln der GVV oder deren Inkorporation in ihre AGB aufnehmen können, scheint den BGH selbst nicht so recht zu überzeugen, denn im konkreten Fall entschied der BGH in beiden Urteilen vom 15.7., die Klausel sei intransparent und daher unwirksam, obwohl die Klausel kaum mehr tat, als den nackten Verweis auf die GVV durch erläuternde Zusätze zu umschreiben.[85]

Richtig erscheint es daher, dass entgegen der Ansicht des BGH auch für Preisanpassungsklauseln in Sonderkundenverträgen, die auf die GVV oder auf die danach gebildeten Preise verweisen, die allgemeinen Anforderungen des AGB-Rechts gelten und die oben genannten Anforderungen erfüllt sein müssen. Umso wichtiger erscheint es, dass die Rechtsprechung die teils überhöhten Anforderungen an die Transparenz von Preisänderungsvorbehalten auf ein praktikables Maß reduziert (dazu oben II.).

d) Übertragbarkeit der aktuellen BGH-Entscheidungen?

Aus der spezifischen Begründung des BGH für die AGB-rechtliche Privilegierung der Preisänderungsvorbehalte von Energieversorgern lässt sich im Gegenschluss ableiten, dass diese auf andere Bereiche nicht übertragbar sind. Aus AGB-rechtlicher Sicht erscheint die Annahme, der Verweis auf gesetzliche Preisänderungsermächtigungen oder die danach gebildeten Preise sei generell mit den Anforderungen der AGB-rechtlichen Inhaltkontrolle vereinbar, nicht haltbar. Soweit eine Klausel die Wertungen einer gesetzlichen Regel außerhalb ihres Anwendungsbereichs übernimmt, kann eine Leitbildfunktion bestehen, soweit eine vergleichbare Interessenlage besteht. Dies wird aber nicht in jedem Fall zu bejahen sein.

VI. Ergebnisse

Die Anforderungen der Rechtsprechung an die Transparenz von Preisänderungsvorbehalten sind überzogen. Die vom BGH gewährte Möglichkeit eines Ausgleichs durch ein Kündigungsrecht gibt der Praxis eine gewisse Hilfe. Besser wäre es, die Anforderungen an die Transparenz auf das notwendige Maß zu reduzieren.

Preisänderungsvorbehalte unterliegen strengen inhaltlichen Anforderungen. Preisänderungen müssen auf den Ausgleich von Kostensteigerungen begrenzt sein. Sie müssen beidseitig wirken, d. h. der Klauselverwender muss sich zur Preissenkung bei Minderung der Kosten verpflichten.

Eine Kompensation unangemessener Preisänderungsvorbehalte durch ein Kündigungsrecht kommt nur in Betracht, wenn das Kündigungsrecht zu einem Interessenausgleich führt. Insbesondere darf der Vertragspartner im Fall der Kündigung keine Nachteile erleiden.

Der Klauselverwender kann die AGB-Kontrolle entgegen der Ansicht des BGH nicht durch einen Verweis auf gesetzliche Preisänderungsermächtigungen oder auf Tarifpreise vermeiden. Dies gilt auch für Energieversorger. Die Voraussetzungen für Preisänderungen in der Energieversorgung sollten gesetzlich geregelt werden.

Die Gestaltung von Preisanpassungsklauseln in der Zwangsjacke des AGB-Rechts – zugleich Plädoyer für selbsttätige Preisanpassungsklauseln auf der Grundlage öffentlicher Indizes

Dr. Marc Hilber, *LL.M.* *

* Der Autor ist Rechtsanwalt und Partner der Kanzlei Oppenhoff & Partner, Köln.

I. Einführung

Am 21.4.2009 hat der BGH die in den Allgemeinen Geschäftsbedingungen (AGB) der Sparkassen verwendete Preisanpassungsklausel, die eine Anpassung der Entgelte unter Berücksichtigung der Marktlage (u.a. Veränderung des allgemeinen Zinsniveaus) erlaubte, Verbrauchern gegenüber für unwirksam erklärt.[1] In zwei Entscheidungen vom 15.7.2009 und einer weiteren Entscheidung vom 28.10.2009 hat der BGH zudem seine Rechtsprechung im Bereich der Gasversorgung fortgesetzt.[2] Die restriktive Rechtsprechung des BGH zur Wirksamkeit von Preisanpassungsklauseln nach den §§ 305 ff. BGB verfestigt sich also. Keine der vom BGH – zumeist in Verbandsprozessen nach dem UKlaG – in jüngster Zeit überprüften Klauseln aus dem Verbraucherverkehr genügte den Anforderungen des AGB-Rechts; allerdings litten einige dieser Klauseln unter (offensichtlichen) gestalterischen Mängeln. Im unternehmerischen Verkehr lagen dem BGH weniger Fälle zur Entscheidung vor, soweit ersichtlich zuletzt 2005.[3]

In diesem Beitrag werden die rechtlichen Anforderungen an Preisanpassungsklauseln ermittelt und Gestaltungshinweise gegeben. Zunächst werden die Auswirkungen des Preisklauselgesetzes auf Preisanpassungsklauseln untersucht (Abschnitt II.). Aus AGB-rechtlicher Sicht wird erörtert, wann Preisanpassungsklauseln überhaupt der vollen AGB-Kontrolle unterliegen (Abschnitt III.), um anschließend auf die Maßstäbe der AGB-Kontrolle im Verbraucher- und Unternehmerverkehr einzugehen (Abschnitt IV.). Schließlich werden Gestaltungshinweise gegeben (Abschnitt V.).

II. Das Preisklauselgesetz

Preisanpassungsklauseln unterliegen neben dem AGB-Recht dem am 14.9.2007 in Kraft getretenen Preisklauselgesetz (PrKlG), welches das Preisangaben- und Preisklauselgesetz und die Preisklauselverordnung ersetzt.[4]

1 BGH NJW 2009, 2051 ff. Am 5.5.2009 entschied das OLG Frankfurt/Main (Urt. v. 05.05.2009, 11 U 61/07 = BeckRS 2009, 11421), dass Preisanpassungsklauseln in Gaslieferungsverträgen, die kein konkretes Kriterium beinhalten, aus dem sich die sachlichen Voraussetzungen und der zulässige Umfang einer Preiserhöhung ergeben, unzulässig sind.

2 Die beiden Urteile vom 15.7.2009 sind bereits veröffentlicht unter BGH NJW 2009, 2662 und NJW 2009, 2667. Die Begründung zur Entscheidung vom 28.10.2009 lag bei Redaktionsschluss noch nicht vor.

3 BGH NJW-RR 2005, 1496, 1501 (Kf. Vertragshändlervertrag II)

1. Regelungsinhalt

Nach § 1 Abs. 1 PrKlG ist es untersagt, den Betrag von Geldschulden „unmittelbar und selbsttätig durch den Preis oder Wert von anderen Gütern oder Leistungen [zu bestimmen], die mit den vereinbarten Gütern oder Leistungen nicht vergleichbar sind.“ Dadurch soll die Inflationsgefahr durch eine unkontrollierte Kettenreaktion von Preiserhöhungen vermieden werden.[5] Obwohl derartige Indexierungsverbote international kaum und in der Europäischen Währungsunion gar nicht verbreitet sind, hat sich der deutsche Gesetzgeber nach einigem Zögern doch für die Beibehaltung des Indexierungsverbotes entschieden.[6] Das Indexierungsverbot gilt gemäß § 1 Abs. 2 PrKlG nicht bei Klauseln, die nur zu einer Preissenkung führen können oder bei denen das Ausmaß der Preisanpassung abhängig ist von

- einer Ermessenausübung (Leistungsvorbehaltsklauseln),
- der Entwicklung der Preise für Güter oder Leistungen, die im Wesentlichen gleichartig oder zumindest vergleichbar sind (Spannungsklauseln) oder
- der Entwicklung der Preise für Güter oder Leistungen, die auch die Selbstkosten des Gläubigers unmittelbar beeinflussen (Kostenelementeklauseln).[7]

Ferner sehen §§ 3 bis 7 PrKlG gewisse Ausnahmeregelungen vor, wie etwa für den Geld- und Kapitalverkehr, für Verträge mit einer Laufzeit von mindestens 10 Jahren, für Verträge mit Gebietsfremden und wehrtechnische Beschaffungsverträge.

Um den Verwaltungsaufwand zu reduzieren, hat der Gesetzgeber das bisher nach dem Preisangaben- und Preisklauselgesetz für Preisklauseln bestehende Genehmigungsbedürfnis im PrKlG entfallen lassen.[8] Die Vertragsparteien haben die Zulässigkeit der Preisklausel selbst zu prüfen. Um die damit verbundene Rechtsunsicherheit über die Wirksamkeit der Preisanpassung zu begrenzen, wird eine unzulässige Preisklausel nach § 8 PrKlG (erst) zum Zeitpunkt des rechtskräftig festgestellten Verstoßes gegen das PrKlG unwirksam (soweit nichts anderes vereinbart ist). Die bis zum rechtskräftigen Urteil erfolgten Preisanpassungen sind damit wirksam und

5 BT-Drs. 16/4391, 27; siehe auch schon BT-Drs. 13/10334, 40 ff. zur Änderung des Preisangabengesetzes.

6 Vgl. Grothe, Der internationale Anwendungsbereich des deutschen Geldwertsicherungsrechts, WM 2002, 22, 24; Kluge, Wertsicherungsklauseln in der notariellen Praxis, MittRhNotK 2000, 409, 410. Zum Hintergrund siehe auch Schmidt-Räntsch, Wertsicherungsklauseln nach dem Euro-Einführungsgesetz, NJW 1998, 3166, 3166 ff.; Reul, Aufhebung der Genehmigungspflicht bei Wertsicherungsklauseln – Das neue Preisklauselgesetz (PreisklauselG), MittBayNot 2007, 445, 445 ff.; Vogler, Indexierungsverbot nach § 2 Preisangaben- und Preisklauselgesetz, NJW 1999, 1236, 1236 ff.

7 Nebenbei sei bemerkt, dass sich aus § 1 Abs. 2 PrKlG eine gesetzliche Terminologie ergibt, die auch in der AGB-rechtlichen Diskussion berücksichtigt werden sollte. Dort werden allerdings Begrifflichkeiten häufig uneinheitlich benutzt. So auch Thomas, Preisfreiheit im Recht der Allgemeinen Geschäftsbedingungen, AcP 2009, 85, 87 ff.

durchsetzbar, obwohl die Preisklausel von Anfang an gegen das PrKlG verstoßen hat. Die Parteien haben somit Rechtssicherheit über den geltenden Preis – zumindest bis zur rechtskräftigen Feststellung der Unzulässigkeit der Preisklausel.

Damit stellt sich die Frage, ob die Preise nach rechtskräftiger Feststellung der Unwirksamkeit auf dem bis dahin unter Anwendung der Preisklausel erreichten Niveau weiter gelten oder auf den Basispreis zurückfallen. Nach § 8 PrKlG bleiben die Rechtswirkungen der Preisklausel „bis zum Zeitpunkt der Unwirksamkeit" unberührt. Was danach gelten soll, ist nicht geregelt. Für die Fortgeltung des bisher erreichten Preises spricht der Zweck des § 8 PrKlG, der die Risiken der Parteien aus einer möglichen Unwirksamkeit angemessen begrenzen soll. Ein Rückfall auf den Basispreis liefe dem vor allem bei lang laufenden Verträgen und volatilen Preisen zu wider. Allerdings führt die mit dem Urteil *ex nunc* eintretende Nichtigkeit eben dazu, dass die Preisanpassungsklausel entfällt und damit nur die Vertragsregelung zum Basispreis bestehen bleibt, die dann eben alleine anzuwenden wäre. Da die Gerichte über diese Frage noch nicht entschieden haben, besteht das Risiko, dass der Basispreis ab rechtskräftigem Urteil fort gilt.

Um dieses Risiko zu begrenzen, sollte im Zusammenhang mit der Preisklausel vereinbart werden, was im Fall der Unwirksamkeit greift.[9] Das erreichte Preisniveau könnte etwa ab Unwirksamkeit vorübergehend weiter gelten und die Parteien zur unverzüglichen Vereinbarung einer der ursprünglichen wirtschaftlichen Intention möglichst nahe kommenden, zulässigen Preisklausel verpflichtet werden (die auch rückwirkend ab der Rechtskraft des die Unwirksamkeit auslösenden Urteils gelten kann). Die (dauerhafte, vorübergehende oder vorläufige) Fortgeltung des erreichten Preisniveaus dürfte mit dem PrKlG zu vereinbaren sein, da damit ab Rechtskraft des Urteils ein Festpreis gälte.

2. Verhältnis des PrKlG zum AGB-Recht

Wegen ihrer unterschiedlichen Regelungsziele sind das PrKlG und das AGB-Recht nebeneinander auf Preisanpassungsklauseln anwendbar.[10] Das PrKlG beschränkt die Möglichkeiten der Preisindexierung überwiegend aus stabilitäts- und preispolitischen Gründen, während das AGB-Recht den Schutz des Unterlegenen gegen unangemessene Vertragsklauseln bezweckt.[11] Sowohl Voraussetzungen, als auch Rechtsfolgen sind grundverschieden. Es spricht mithin nichts dafür, dass das PrKlG als Spezialregelung das AGB-Recht verdrängt, soweit es sich mit der Inhaltskontrolle

9 Vgl. Becker/Hecht, Auswirkungen des Preisklauselgesetzes auf die IT-Vertragsgestaltung, ITRB 2008, 251, 253.

10 LG München WuM 2008, 100, 103; Kluge, MittRhNotK 2000, 409, 418; Becker/Hecht, ITRB 2008, 251, 253.

11 Wolf/Lindacher/Pfeiffer/Dammann, AGB-Recht, § 309 Nr. 1 Rn. 47. Zum Zweck des PrKlG:

von Preisanpassungsklauseln befasst. Daher kann eine Preisanpassungsklausel, die das PrKlG verletzt (was nur bei selbsttätigen Klauseln der Fall sein kann), auch eine unangemessene Benachteiligung i.S.d. § 307 Abs. 1 S. 1 BGB darstellen und wäre dann auch nach UKlaG angreifbar.[12]

Andererseits muss ein Verstoß gegen das PrKlG nicht stets zu einer unangemessenen Benachteiligung gemäß § 307 Abs. 1 S. 1 BGB führen.[13] In diesem Fall liefe § 8 PrKlG bei Preisklauseln in AGB leer und der Wille des Gesetzgebers würde in diesem wichtigen Bereich umgangen. Dem PrKlG kommt zudem kein Leitbildcharakter zu: Eine „gesetzliche Regelung“ i.S.d. § 307 Abs. 2 Nr. 1 BGB liegt nur vor, wenn die Norm das Ergebnis einer gesetzgeberischen Abwägung ist und damit eine angemessene Interessenverteilung darstellt, wie etwa bei den Regelungen zu den Vertragstypen des BGB. Mit anderen Worten: Es muss sich um die „Ausprägung des Gerechtigkeitsgebots“ handeln.[14] Dies ist aber beim PrKlG nicht der Fall, da es dort – wie oben ausgeführt – nicht um einen gerechten Ausgleich von Parteiinteressen geht, sondern um die Verhinderung von Inflation. Anders als das PrKlG sind gesetzliche Gebührenordnungen, die vom BGH durchaus als Maßstab der Inhaltskontrolle herangezogen werden,[15] Ausdruck einer aus Sicht des Gesetz- oder Verordnungsgebers angemessenen Interessenverteilung. Selbst wenn man dem PrKlG Leitbildcharakter zuspräche, läge bei einem Verstoß nur „im Zweifel“ eine unangemessene Benachteiligung vor, so dass eine Unwirksamkeit *ex tunc* nach § 307 Abs. 1 S. 1 BGB vorliegen könnte, aber keineswegs müsste.

III. Anwendung des AGB-Rechts auf Preisanpassungsklauseln

Preisanpassungsklauseln können also neben dem PrKlG auch dem AGB-Recht unterliegen. Sie sind jedoch nur dann nach den §§ 305 ff. BGB zu überprüfen, wenn sie als AGB zu qualifizieren sind (dazu sogleich unter Ziffer 1.). Selbst wenn AGB vorliegen, findet eine Angemessenheitskontrolle gemäß § 307 Abs. 3 S. 1 BGB nicht statt, soweit eine Hauptleistungspflicht bestimmt wird (dazu unter Ziffer 2.).

12 Auch das LG München WuM 2008, 100, 103 hält solche Fälle für „denkbar“.

13 Vgl. Schultz, Stolperstein Wertsicherung, NZM 2008, 425, 427; Becker/Hecht, ITRB 2008, 251, 253; a.A. Gerber, Überraschende Regelungen im neuen Preisklauselgesetz, NZM 2008, 152, 155.

14 Ebenso Schultz, NZM 2008, 425, 427. Zu den Voraussetzungen des Begriffs „gesetzliche Regelung“ in § 307 Abs. 2 Nr. 1 BGB: BGH NJW 1991, 1886, 1887; BGH NJW 1991, 2414, 2415; BGH NJW-RR 1996, 1009, 1009; BGH NJW 1997, 1700, 1701 f.; BGH NJW 2001,

1. Vorformuliert und nicht ausgehandelt

Die AGB-Kontrolle setzt gemäß § 305 Abs. 1 S. 1 BGB zunächst voraus, dass für eine Vielzahl von Verträgen vorformulierte, nicht ausgehandelte Vertragsbedingungen vorliegen, die eine Vertragspartei (Verwender) der anderen Vertragspartei bei Abschluss eines Vertrags stellt. Die Reduzierung der „Vielzahl von Verträgen" auf mehr als zwei,[16] das weite Verständnis „vorformulierter Vertragsbedingungen", einschließlich im Kopf vorformulierter Bedingungen,[17] sowie die isolierte Betrachtung jeder einzelnen Vertragsbedingung (ohne Rücksicht auf den vertraglichen Gesamtzusammenhang)[18] führen neben der restriktiven Handhabung der Ausnahme für im Einzelnen ausgehandelte Vertragsbedingungen gemäß § 305 Abs. 1 S. 3 BGB[19] zu einem weiten Anwendungsbereich des AGB-Rechts – auch und gerade im rein unternehmerischen Verkehr.

Gleichzeitig sind die Möglichkeiten zur Gestaltung einer Preisklausel häufig so gering, dass eine mehrfache Verwendung auch außerhalb des Massengeschäfts kaum zu verhindern ist. Daher findet das AGB-Recht auf Klauseln Anwendung, die mit Standardformulierungen für das Massengeschäft nichts zu tun haben. Auswege zur Vermeidung der Anwendung des AGB-Rechts gibt es also kaum.

2. Abgrenzung von Preisabsprachen und Preisnebenabreden

Auch soweit eine Preisanpassungsklausel als AGB zu qualifizieren ist, ist die vertragliche Bestimmung der Hauptleistungspflichten von der Inhaltskontrolle ausgenommen, da sie unverzichtbarer Teil der Vertragsfreiheit ist und nicht i.S.d. §§ 307 Abs. 3 S. 1, 306 Abs. 2 BGB von Rechtsvorschriften abweicht.[20] Die Vereinbarung des Vertragspreises unterliegt daher nur dem Transparenzgebot gemäß § 307 Abs. 3 S. 2, Abs. 1 S. 2 BGB.[21] Den Parteien steht es also auch in AGB bis zur Grenze der Sittenwidrigkeit frei, einen beliebigen Preis zu vereinbaren. Dies könnte es ermögli-

16 BGH NJW 2004, 1454, 1454 f.

17 BGH NJW 2005, 1645, 1646; a.A. die Vorinstanz OLG Köln ZIP 2004, 1496, 1497. Vgl. auch BGH NJW 2005, 2543, 2544.

18 BGH NZBau 2006, 390, 391; NJW 2003, 888, 890 f., vgl dazu auch: Palandt/Grüneberg, BGB, § 307 Rn. 9 ff.

19 BGH NJW 2000, 1110, 1111.

20 BGH NJW-RR 1993, 430, 431; BGH NJW-RR 1993, 375, 376; BGH NJW-RR 1999, 125, 126; BGH NJW 1985, 3013, 3014 (Zusatzwasser); MüKo/Kieninger, BGB, § 307 Rn. 1; BT-Drs. 7/3919, 22. Die Rechtsprechung beschränkt den kontrollfreien Raum auf den engen Bereich der Leistungsbeschreibung, ohne deren Vorliegen mangels Bestimmbarkeit des wesentlichen Vertragsinhalts ein wirksamer Vertragsschluss nicht mehr angenommen werden kann. BGH NJW 1987, 1931, 1935; BGH NJW 1993, 2369, 2369; BGH NJW-RR 1993, 1049, 1050; BGH NJW 1995, 2637, 2638 [illegible]

chen, den Parteien trotz Anwendung des AGB-Rechts bei der Gestaltung der Preisanpassung Spielraum zu verschaffen.
Angesichts der § 305b BGB (Vorrang der Individualabrede) und § 305c BGB (Überraschende und mehrdeutige Klauseln) dürfte häufig kein Anlass für eine Angemessenheitskontrolle bestehen (siehe dazu Ziffer 2.1). Dennoch hat der Gesetzgeber in § 309 Nr. 1 BGB zum Ausdruck gebracht, dass Preisanpassungsklauseln der Angemessenheitskontrolle unterliegen (siehe dazu Ziffer 2.2). Dabei ist jedoch zwischen Preisanpassungsrechten und selbsttätigen Preisanpassungsformeln zu unterscheiden (siehe dazu Ziffer 2.3).

a) Änderung einer gesonderten Preisabsprache

Preis*neben*abreden verändern oder modifizieren die eigentliche Preisabsprache oder gestalten sie näher aus. Sie haben mittelbare Auswirkungen auf Preis und Leistung und können bei Unwirksamkeit durch dispositives Gesetzesrecht ersetzt werden.[22] Während Preisabsprachen auch in AGB weitgehend frei gestaltbar sind, unterliegen Preisnebenabreden der vollen Inhaltskontrolle.[23] Bei der Überprüfung von Preisanpassungsklauseln hat der BGH wiederholt lapidar festgestellt, dass das dispositive Recht von der Vereinbarung unveränderlicher Preise ausgehe: § 311 Abs. 1 BGB schreibe vor, dass Leistung und Gegenleistung im Vertrag festzulegen sind und eine Preisanpassungsklausel weiche von diesem Grundsatz ab.[24] Eine Preisanpassungsklausel regle nicht das Ob und den Umfang von Entgelten, sondern die Art und Weise der Zahlung und etwaige ergänzende Modifikationen einer andernorts getroffenen Preisvereinbarung.[25]

Ob ein Festpreis, ein Basispreis mit Anpassungsklausel oder ein gemäß §§ 315 ff. BGB nach Billigkeit zu bestimmender Preis vereinbart wird, überlässt das BGB indes den Parteien. Nur *falls* ein Festpreis vereinbart ist, lässt das BGB diesen grundsätzlich Bestand haben (vgl. etwa § 313 BGB). Dementsprechend ist z.B. in §§ 433, 631 BGB auch von der *vereinbarten* Vergütung die Rede. Das dispositive Recht

22 BGH NJW 1989, 222, 223; BGH NJW 1992, 688, 689; BGH NJW-RR 1993, 430, 431; BGH NJW 1987, 1931, 1935; BGH NJW 1993, 2369, 2371; BGH NJW-RR 1993, 1049, 1050; MüKo/Kieninger, BGB, § 307 Rn. 12.

23 Nicht nur bei Preisanpassungsklauseln hat die Rechtsprechung sich bei der Abgrenzung schwer getan. Vgl. etwa BGH NJW 1985, 3013 (Eine Klausel, welche nicht nur die Höhe der Vergütung, sondern in abstrakter Weise auch die Voraussetzungen der Entstehung regelt, unterliegt der AGB-Kontrolle.); BGH NJW-RR 1993, 430 (Da das Gesetz eine angemessene Vergütung nicht festlegt, sondern die Preisbildung den Parteien überlässt, fehlt es an einem rechtlichen Kontrollmaßstab.); OLG Stuttgart NJW-RR 1991, 252 (Die Regelungen der Vergütung für Rüst- und Fahrtzeiten in AGB für Kundendienstaufträge – hier als Pauschale im Auftragsformular enthalten – sind Preisnebenabreden, die der Inhaltskontrolle unterliegen.).

24 BGH NJW 1985, 853, 854 (Schmiermittel); BGH NJW 1981, 2351, 2352; BGH NJW 2001

geht nicht *per se* von Festpreisen aus, auch wenn diese den Regelfall bilden mögen. Eine Preisanpassungsklausel weicht mithin nur dann vom dispositiven Recht ab, wenn zunächst ein Festpreis vereinbart wird, der anschließend durch die Preisklausel geändert werden soll. Wenn sowohl Preis als auch Anpassungsklausel in AGB enthalten sind, liegt diese Differenzierung in zwei Schritte eher fern. Der Grundsatz „pacta sunt servanda" sollte nämlich nicht nur für den Preis, sondern ebenso für den Anpassungsmechanismus gelten.[26] Zudem schützt bereits § 305c Abs. 1 BGB vor Überraschungen: Preisanpassungsregelungen, die nach den Umständen, etwa der Formulierung der Preisabrede, ungewöhnlich und überraschend sind, werden danach nicht Vertragsbestandteil. Ist der Preis in einer Individualvereinbarung, etwa in einer angenommenen Bestellung, enthalten, ist er ohnehin gemäß § 305b BGB vorrangig und die Differenzierung zwischen Preisabsprache und Nebenabrede ist unerheblich.[27]

b) Angemessenheitsprüfung wegen § 309 Nr. 1 BGB

Preisanpassungsklauseln aus diesen Gründen stets nur der Transparenzkontrolle zu unterwerfen, liegt allerdings wegen § 309 Nr. 1 BGB fern, der verdeutlicht, dass auch der Gesetzgeber Preisanpassungsklauseln der Inhaltskontrolle unterwerfen will. In der Gesetzesbegründung (noch zu § 9 Nr. 1 AGBG) bezieht sich der Gesetzgeber auf „Vertragsbestimmungen, die […] eine Erhöhung des *zunächst vereinbarten* Entgelts vorsehen […]" (Hervorhebung durch den Verfasser); er geht also von der Abänderung eines bereits vereinbarten Festpreises aus.[28] Soweit es um Dauerschuldverhältnisse geht, für die § 309 Nr. 1 BGB nicht unmittelbar gilt, führt die Gesetzesbegründung aus, dass im Rahmen der Generalklausel § 307 Abs. 1 S. 1 BGB (bzw. § 8 AGBG) „dem Vorbehalt der einseitigen Preiserhöhung […] Grenzen gesetzt" sind.[29]

Daraus lässt sich zweierlei schließen: Zum einen unterscheidet der Gesetzgeber zwischen Preis und Preisanpassung und wertet die Preisanpassung folglich als Änderung eines Festpreises – und zwar selbst wenn Preis und Anpassungsmechanismus in AGB vereinbart werden. Diese Vorstellung greift aber zumindest dann nicht, wenn der Preisanpassungsmechanismus den Preis von Anfang an bestimmt, also ein Preis*bildungs*mechanismus vereinbart ist. Zum anderen gelten bei Dauerschuldverhältnissen andere Maßstäbe, die möglicherweise nur einseitigen Preisanpassungsrechten entgegenstehen.

26 Vgl. auch BGH NJW 1985, 853, 854 (Schmiermittel): Da die getroffene Preisabrede (die sich auf die „jeweils gültige" Preisliste bezog) bereits auf ihre Abänderbarkeit hinweise, relativiere sich das Argument „pacta sunt servanda" gegen die Wirksamkeit von Preisanpassungsklauseln. Ähnlich auch Thomas, AcP 2009, 84, 92 in Fn. 37.

27 Vgl. MüKo/Kieninger, BGB, § 309 Nr. 1 Rn. 25.

c) Einseitige Preisänderungsrechte und Preisanpassungsformeln

Vor diesem Hintergrund sind Abreden, die dem Verwender ein einseitiges Preisanpassungsrecht gewähren, sei es im Wege der Einräumung eines weiten Ermessensspielraums oder im Rahmen der Entwicklung gewisser Kostenfaktoren, als Preisnebenabreden einzustufen. In diesen Fällen liegt entweder bereits eine vorrangige Individualabrede i.S.d. § 305b BGB vor oder – sofern die eigentliche Preisabsprache auch in AGB enthalten ist – eine von der getroffenen Preisabsprache abweichende Regelung. Denn das Preisänderungsrecht setzt voraus, dass eine separate Preisvereinbarung vorliegt.

Etwas schwieriger ist die Behandlung selbsttätiger Preisanpassungsklauseln, die mittels einer Formel automatisch zu einer rechnerisch eindeutigen Preisanpassung führen. So hat das LG München zwei selbsttätige Preisanpassungsklauseln als (Teil der) Bestimmungen der Hauptleistungspflicht eingeordnet und diese damit der Inhaltskontrolle entzogen.[30] Die Preisanpassungsklauseln waren etwa wie folgt gestaltet:

$$LP = LP_0 \left(0{,}3 \frac{HEL}{HEL_{basis}} + 0{,}7 \frac{Lohn}{Lohn_{basis}} \right)$$

Das Gericht führt aus, die Formeln gälten von Anfang an und erlaubten unter Verwendung des Ausgangs- und aktuellen Wertes der definierten Indizes die rechnerisch eindeutige Bestimmung des geltenden Preises. Es sei also mit Vertragsschluss nicht etwa ein bestimmter, auf Dauer festgesetzter Preis vereinbart, der durch die Formel dann geändert werde, sondern es solle von Anfang an der sich zum Zeitpunkt der Fälligkeit jeweils aus der Formel ergebende Preis gelten. Die jeweilige Änderung des Preises erfolge nicht aufgrund einer Willensentscheidung des Verwenders, der folglich insofern auch keinen Ermessensspielraum habe.[31]

Das OLG Köln, dem ein ähnlicher Preisanpassungsmechanismus zur Prüfung vorlag, kam hingegen zu der Schlussfolgerung, dass keine unmittelbare Preisabsprache vorläge, sondern eine kontrollfähige Preisnebenabrede.[32] Die Preisanpassungsformel fände zwar von vornherein Anwendung, in den jeweiligen Formularverträgen sei jedoch (zunächst) der jeweils aktuell bei Vertragschluss geltende Preis in Form eines festen ct/kWh Betrages und nicht in Abhängigkeit von der Formel angegeben. Wie der geltende Preis ermittelt wurde und wie künftige Preisanpassungen zu berechnen seien, ergebe sich erst aus den weiteren Vertragsbedingungen.

30 LG München WuM 2008, 100, 100.

31 LG München WuM 2008, 100, 102.

32 OLG Köln [illegible]

Eine selbsttätige, von vornherein geltende Preisklausel, die rechnerisch eindeutig den geltenden Preis ergibt und nicht einen andernorts vereinbarten (Fest-) Preis abändert, ist nach diesen Urteilen eine die Hauptleistungspflicht bestimmende Preisabsprache, die nur der Transparenzkontrolle nach § 307 Abs. 1 S. 2 BGB unterliegt. Wenn aber bei Vertragsschluss in AGB ein fester Preis vereinbart und zusätzlich eine Preisanpassungsklausel einbezogen ist, stellt diese eine Preisnebenabrede dar. Entscheidend ist also, ob eine Preis*bildungs*klausel oder eine Preis*anpassungs*klausel vorliegt. Die Übergänge sind fließend, denn auch in dem vom OLG Köln entschiedenen Fall ist der „Arbeitspreis" ein Resultat der Preisformel. Der Unterschied zwischen den dem OLG Köln und dem LG München vorgelegten Preisvereinbarungen ist (nur) ein formaler: die Voranstellung eines Arbeitspreises im Vertragstext, der möglicherweise beim Vertragspartner den Eindruck eines Festpreises erweckt. Erst der Widerspruch zum vom Verwender selbst genannten Vertragspreis bietet einen Ansatzpunkt für eine volle Inhaltskontrolle.[33] Wenn aber ein „Arbeitspreis" genannt wird unter deutlicher Bezugnahme auf eine Preisberechnungsformel kann wohl kaum von einem Widerspruch ausgegangen werden.

d) Zwischenergebnis

Obwohl bereits die §§ 305b, 305c Abs. 1 BGB den Vertragspartner des Verwenders davor schützen, dass ein vereinbarter Preis durch einen Anpassungsmechanismus in AGB unterlaufen wird, unterliegen Preisanpassungsklauseln nach der Rechtsprechung – vor dem Hintergrund des § 309 Nr. 1 BGB zu Recht – der AGB-rechtlichen Angemessenheitskontrolle. Allerdings sollte dies nur gelten, wenn ein vereinbarter Preis durch die Anpassungsklausel verändert wird. Liegt dagegen eine von Anfang an maßgebliche Preis*bildungs*klausel vor, spricht § 307 Abs. 3 S. 1 BGB gegen eine Angemessenheitskontrolle, da eine Preis*bildungs*klausel nicht durch dispositives Gesetzesrecht ersetzt werden kann. Dies sollte auch dann gelten, wenn der zu Vertragsbeginn – als Ergebnis der Preisklausel – geltende Preis als konkreter Geldbetrag angegeben wird. Wie die Rechtsprechung sich insofern entwickelt, bleibt jedoch abzuwarten.

IV. Maßstäbe der Inhaltskontrolle

Preisanpassungsklauseln sind zwar im Grundsatz als ein geeignetes und anerkanntes Instrument zur Bewahrung des Gleichgewichts von Preis und Leistung bei langfristigen Sukzessivlieferverträgen und Dauerschuldverhältnissen anerkannt.[34] Aller-

33 Vgl. Staudinger/Coester, BGB, § 307 Rn. 329

dings gelten zunehmend strengere Maßstäbe für die Zulässigkeit von Preisanpassungsklauseln.

1. Verbraucherverkehr

In mehreren Urteilen hat die Rechtsprechung die im Verkehr mit Verbrauchern geltenden Anforderungen im Hinblick auf die gebotene Transparenz und Angemessenheit von Preisanpassungsklauseln konkretisiert.

a) Transparenz

Nach § 307 Abs. 1 S. 2 BGB sind Preisanpassungsklauseln so zu gestalten, dass der Vertragspartner erkennen kann, welche Preiserhöhungen auf ihn zukommen.[35] Nach ständiger Rechtsprechung des BGH sind Preisanpassungsklauseln nur transparent, wenn

- sie die Preisänderung an die Entwicklung bestimmter Betriebskosten koppeln,
- die Gewichtung der einzelnen Kostenelemente im Hinblick auf ihre Bedeutung für die Kalkulation des Gesamtpreises bestimmen <u>und</u>
- der Vertragspartner die Änderung der Kostenelemente in Erfahrung bringen kann.[36]

Gegenstand und Relevanz maßgeblicher Kostenfaktoren sind also in der Preisanpassungsklausel genau festzuschreiben. Ferner ist zu regeln, wann der Basispreis festge-

I); BGH NJW 2007, 1054, 1055 (Flüssiggas II); BGH NJW 2008, 360, 361 (PayTV). Nach dem BGH dienen Preisanpassungsklauseln dazu, einerseits dem Verwender das Risiko langfristiger Kalkulation abzunehmen und ihm seine Gewinnspanne trotz nachträglicher Kostensteigerung zu sichern und andererseits den Vertragspartner davor zu bewahren, dass der Verwender mögliche künftige Kostenerhöhungen vorsorglich schon bei Vertragsschluss durch Risikozuschläge aufzufangen versucht.

35 Nach Nr. 2 lit. d) des Anhangs zur Richtlinie 93/13 EWG über missbräuchliche Klauseln in Verbraucherverträgen sind Preisindexklauseln nicht zu beanstanden, „wenn […] der Modus der Preisänderung darin ausdrücklich beschrieben wird." Auch aus der Richtlinie ergibt sich also das Transparenzerfordernis.

36 BGH NJW-RR 2005, 1717, 1717 f. (Flüssiggas I). Im Ergebnis ebenso BGH NJW 2007, 1054, 1056 (Flüssiggas II); BGH NJW-RR 2008, 134, 135 (Internetzugang); BGH NJW 2008, 360, 361 (PayTV). Die Formulierung des BGH (NJW-RR 2008, 134, 135), wonach die maßgeblichen Kostenelemente sowie ihre Gewichtung „offen gelegt" werden sollen, sorgte für Verwirrung und stieß auf kritische Stimmen in der Literatur: Graf von Westphalen, Das faktische Ende von Preisanpassungsklauseln, MDR 2008, 424, 424; Thomas, AcP 2009, 84, 106 f. Zu unterscheiden ist zwischen der hinreichend bestimmten

legt wird (erster Bezugspunkt)[37], welches Datum als (zweiter) Bezugspunkt für die Feststellung der Veränderung der Kostenfaktoren maßgeblich ist und für welche Zeitabschnitte der neue Preis gelten soll.[38]

Schließlich darf es dem Kunden nicht verborgen bleiben, in welchem Maße bei betriebsinternen Berechnungsgrößen, wie z.B. Gestehungspreisen (Einkaufspreisen) sowie Lohn-, Transport- und Lagerkosten, Änderungen eintreten.[39] Diese Zulässigkeitsvoraussetzung stellt – anders als das Erfordernis der *Vereinbarung* hinreichend bestimmter Kostenelemente – auf die tatsächliche Möglichkeit des Kunden ab, die (sich nach Vertragsschluss ergebende) Entwicklung der Kostenelemente festzustellen.[40] Sofern die Klausel auf gewisse konkret beim Verwender angefallene Kosten abstellt, kann deren Entwicklung nur schwer nachprüfbar offengelegt werden. Beim Einkauf börsengehandelter Stoffe könnte auf den Börsenpreis Bezug genommen werden. Einsichts- und Prüfrechte des Verbrauchers sind unpraktikabel, da der Aufwand zur Wahrnehmung dieser Rechte zu groß und das dafür erforderliche Know-how bei Verbrauchern nicht vorhanden ist.[41] Ansonsten kommt nur die Pflicht des Verwenders in Betracht, die konkreten Kosten durch einen Wirtschaftsprüfer prüfen zu lassen und dessen Bericht den Vertragspartnern zur Verfügung zu stellen.[42] Je nach Art des Kostenelements könnte dies (zu) aufwändig sein und/oder zu einer Offenlegung von Interna führen.

Eine einfachere Möglichkeit ist der Verweis auf Indizes, etwa der statistischen Ämter der EU, des Bundes oder der Länder.[43] Offizielle Indizes bieten einen transparenten Aufsatzpunkt für die Entwicklung von Kostenelementen, spiegeln aber die allgemeine Entwicklung von Preisen oder Sachwerten in einem bestimmten Markt wieder und haben mit der konkreten Kostenentwicklung beim Verwender nicht not-

37 Zeitpunkt der Bestimmung des Basispreises: BGH NJW 2003, 507, 509 (Kerosinzuschlag I); BGH NJW 2003, 746, 747 (Kerosinzuschlag II). Die Klauseln seien intransparent, da nicht hinreichend klar sei, welcher Preis Grundlage der Forderung nach einem erhöhten Reisepreis sein solle. Da auch vorvertragliche Kostensteigerungen einbezogen werden könnten sei der Bezugspunkt des Erhöhungsverlangens nicht hinreichend bestimmbar.

38 Vgl. zum Zeitpunkt der Preisanpassung BGH NJW 2008, 2172, 2174 (Erdgas).

39 BGH NJW-RR 2005, 1717, 1717 f. (Flüssiggas I) („betriebsinterne Berechnungsgrößen, die der Kunde weder kennen noch mit zumutbaren Mitteln in Erfahrung bringen kann.“) Ebenso BGH NJW 2007, 1054, 1056 (Flüssiggas II).

40 Vgl. Abels/Lieb (Hrsg.)/Borges, AGB im Spannungsfeld zwischen Rechtsprechung und Kautelarpraxis, 2007, S. 51, 61.

41 Vgl. Abels/Lieb (Hrsg.)/Borges, 2007, S. 51, 59.

42 Auch in diesem Fall kann der Prüfer allenfalls die in der Vergangenheit angefallenen Kosten feststellen. Aus diesem Grund können die jeweils im Zusammenhang mit der Leistungs-

wendigerweise viel gemein. Der Verweis auf öffentliche Indizes dient damit jedenfalls der Transparenz der Preisanpassungsklausel.[44]

b) Angemessenheitskontrolle

Ausgangspunkt der Angemessenheitskontrolle ist die Forderung des BGH, dass sich das Äquivalenzverhältnis – also die Gleichwertigkeit der gegenseitigen Leistungen – nicht zum Nachteil des Vertragspartners ändern darf, d.h. es ist dem Verwender verboten, seinen Gewinn durch Anwendung der Preisanpassungsklausel nachträglich zu steigern.[45]

aa) Saldierungs- und Preissenkungspflicht

Daher muss die Preiserhöhung zunächst (ausdrücklich) auf den Umfang der Kostensteigerung begrenzt sein. Eine Festlegung des Umfangs der Preisanpassung durch billiges Ermessen ist nach den vom BGH aufgestellten Anforderungen zur Konkretisierung der Preisanpassungsklauseln nicht ausreichend.[46] Wird der Anstieg eines Faktors durch einen anderen ausgeglichen, darf die Klausel keine Preiserhöhung erlauben (Saldierungspflicht).[47] Obwohl die Aussage des BGH insofern nicht eindeutig ist, kann die Saldierungspflicht aber nur für die nach der Preisanpassungsklausel maßgeblichen Kostenelemente gelten.[48] Denn es muss dem Verwender freistehen,

44 OLG Frankfurt, NJOZ 2008, 1446, 1448 (= BeckRS, 2008, 24223); OLG Köln Urt. v. 6.6.2008, 6 U 203/07 n.r. (= BeckRS, 2008, 20701). Zu den Auswirkungen auf die Angemessenheitskontrolle sogleich Ziffer 1.2.

45 BGH NJW-RR 2005, 1717, 1718 (Flüssiggas I); BGH NJW 2007, 1054, 1055 (Flüssiggas II); BGH NJW 2008, 360, 361 (PayTV).

46 Vgl. Thomas, AcP 2009, 84, 96 f.; Abels/Lieb (Hrsg.)/Borges, 2007, S. 51, 56.

47 BGH NJW 2005, 1717, 1718 (Flüssiggas I); BGH NJW 2008, 360, 361 (PayTV); BGH NJW 2008, 2172, 2173 (Erdgas).

48 Der BGH führt in NJW 2005, 1717, 1718 aus, dass nach der unzulässigen Klausel eine Preiserhöhung auch zulässig sei, „wenn ein Anstieg bei einem der Kostenfaktoren durch rückläufige Kosten in anderen Bereichen ausgeglichen wird [...].“ In NJW 2007, 1054, 1055 heißt es ähnlich: Eine Preiserhöhung sei bereits zulässig, „wenn zwar ein Kostenfaktor sich nach oben verändert hat, der Anstieg aber durch rückläufige Kosten in anderen Bereichen ausgeglichen wird [...].“ Diesen Aussagen lässt sich nicht zwingend entnehmen, dass in der Klausel nicht genannte Kostenfaktoren bei der Saldierungspflicht berücksichtigt werden müssen. Naheliegender ist, dass es dem BGH lediglich darauf ankam, eine Saldierung zwischen den in der Klausel als preisrelevant genannten Kostenfaktoren vorzuschreiben. Bedenklich stimmt die Formulierung des BGH in NJW 2009, 2662, 2665: Die unzulässige Preisklausel ermöglicht „eine Preiserhöhung wegen gestiegener Gasbezugskosten auch dann, wenn sich ihre Kosten

den Preis von der Entwicklung gewisser Kostenelemente abzukoppeln und insofern – wie bei einem Festpreis – das Risiko von Kostensteigerungen selbst zu tragen (*a maiore ad minus*).[49] Wenn sich die Kosten in einem nach der Preisklausel maßgeblichen Bereich erhöhen, so ist es nicht zu beanstanden, den Preis anzuheben, auch wenn in einem nicht erfassten Bereich die Kosten sinken.[50] Dies dürfte zumindest insoweit gelten, als der Verwender nicht willkürlich Kostenelemente außen vor lässt, bei denen Kostensenkungen zu erwarten sind, und nur Kostenelemente berücksichtigt, die wahrscheinlich zu einer Preissteigerung führen.

Außerdem hat die Klausel den Verwender zur Senkung des Preises bei gefallenen Kosten zu verpflichten. Ansonsten sind Chancen und Risiken einer Veränderung der Kosten ungleich verteilt und der Verwender hat eine weitere Chance, seinen Gewinn zu steigern.[51] Nicht ausreichend ist es, dem Kunden lediglich das Recht einzuräumen, bei gesunkenen Kosten eine Preissenkung zu verlangen, denn der Kunde – insbesondere im Verbraucherverkehr – ist nicht in der Lage dieses Recht auszuüben, schon allein, weil ihm die Kostenstruktur des Verwenders in der Regel unbekannt ist.[52]

bb) Zulässigkeit der Bezugnahme auf Indizes

Die Oberlandesgerichte in Frankfurt und Naumburg haben Klauseln zur Anpassung des Gaspreises wegen der Bezugnahme auf den Index für leichtes Heizöl (HEL) für unwirksam erklärt.[53] Soweit sie dabei darauf abgestellt haben, dass die Preisentwicklung für Gas nicht notwendigerweise mit der von leichtem Heizöl übereinstimmt, mag dies zum Verlust des „Bezugs zu realen Kostensteigerungen des Lieferanten" im Einzelfall geführt haben – einen generellen Einwand gegen die Verwendung von Indizes stellt dies nicht dar. Problematischer ist das Argument, der Index bilde nicht den „konkreten Bezugspreis" (OLG Frankfurt) bzw. die „tatsächliche Kostensteigerung" (OLG Naumburg) ab, weil es auf das unvermeidliche (angebliche) Manko eines Indizes abstellt, der wie oben in Ziffer 1.1 bereits erwähnt, stets allgemeine Entwicklungen der Vergangenheit abbildet.

Dem entgegen kann es nicht auf die in der Unternehmensrealität bestehenden Kostenänderungen ankommen, sondern nur auf die nach der Preisklausel zu berücksichtigenden. Andernfalls wäre die Bezugnahme auf Indizes in Preisanpassungs-

muss „*in welchem Bereich* […] Kostenänderungen auftreten können und müssen" (Hervorhebung durch den Verfasser). Vgl. auch Thomas, AcP 2009, 84, 98.

49 Ferner dürfte die transparente Darstellung sämtlicher Kostenfaktoren wohl unmöglich sein.

50 Ebenso Abels/Lieb (Hrsg.)/Borges, 2007, S. 51, 58.

51 BGH NJW 2008, 2172, 2173 (Erdgas). Dazu auch Abels/Lieb (Hrsg.)/Borges, 2007, S. 51, 63 f.

52 BGH NJW-RR 2005, 1717.

klauseln in AGB stets unzulässig.[54] Ferner schützt die Bezugnahme auf einen Index auch die Interessen des Kunden, weil Kostensteigerungen aufgrund von Missmanagement von vorneherein nicht erfasst werden. Schließlich muss, wer die Verwendung von Indizes aus den vorgenannten Gründen grundsätzlich ablehnt, andere Wege zur (transparenten) Abbildung von Kostenelementen aufzeigen. Die Abbildung von Kostenentwicklungen genau nach Unternehmensrealität ist – jedenfalls in transparenter Weise – schwerlich möglich.[55]

cc) Grenzen zulässiger Kostenfaktoren

Wie oben in Ziffer 1.2.1 dargestellt, muss der Verwender grundsätzlich nicht sämtliche tatsächlich maßgeblichen Kostenfaktoren berücksichtigen. Fraglich ist allerdings, ob die Berücksichtigung gewisser Kostenfaktoren, namentlich solcher, die nicht ausschließlich vom Markt vorgegeben werden, zur Unzulässigkeit einer Preisanpassungsklausel führen kann.[56] Richtig ist zwar, dass nicht alle Kostenelemente, auf die der Verwender Einfluss nehmen kann, außen vor bleiben müssen. Dann bliebe kaum ein berücksichtigungsfähiges Kostenelement übrig.[57] Will man Kostenelemente nur bei einem wesentlichen Einfluss des Verwenders außen vor lassen, ergeben sich erhebliche Abgrenzungsschwierigkeiten.[58] Kostensteigerungen, die der alleinigen Kontrolle des Verwenders unterliegen, dürften jedenfalls nicht berücksichtigungsfähig sein. Schwierigkeiten bereitet bereits das Transparenzerfordernis, da es bei Veränderungen rein interner Kosten, wie oben unter Ziffer 1.1. erläutert, schwer nachvollziehbar gestaltet werden kann. Es wäre auch unangemessen, wenn der Verwender z.B. die durch ineffiziente Geschäftsprozesse gestiegenen Verwaltungs- oder Fertigungskosten zu einer Preiserhöhung nutzen könnte. Denn das Äquivalenzverhältnis ist auch dann gestört, wenn auf Seiten des Verwenders zwar höhere Kosten vorliegen, der Verwender den Kostenanstieg jedoch selbst verschuldet hat. Dies bedeutet nämlich auch, dass sich Vertragspreis und der im Wettbewerb von effizienten Unternehmen gesetzte Marktpreis auseinander entwickeln und das Äquivalenzverhältnis damit gestört wird.[59]

54 Eine Bezugnahme auf einen Index wäre nur dann ausnahmsweise zulässig, wenn auch mit sämtlichen Vorlieferanten des Verwenders ein Preis auf Basis desselben Index vereinbart ist. Zu den (überzogenen) Anforderungen in diesem Zusammenhang OLG Frankfurt, NJOZ 2008, 1446 (= BeckRS, 2008, 24223). In dem dort entschiedenen Fall waren 98% der Preise der Vorlieferanten auf Basis desselben Index vereinbart.

55 Vgl. insofern Abels/Lieb (Hrsg.)/Borges, 2007, S. 51, 59, unter Verweis auf BGHZ 81, 21, 26 f; OLG München, MMR 2007, 50, 52; LG Bremen, ZIP 2006, 1301, 1304.

56 So OLG Stuttgart NJW-RR 2005, 858, 859 (Gestehungspreis), das beanstandet hat, dass die Kostenentwicklung von Entscheidungen des Unternehmers abhänge.

Die Verwendung von Indizes in Preisanpassungsklauseln erlaubt also nicht nur transparente Regelungen, sondern löst auch die eben beschriebene Äquivalenz-Problematik, da individuelle Veränderungen unberücksichtigt bleiben, insbesondere vom Unternehmer selbst ausgelöste Kostensteigerungen. Sofern Kostenelementeklauseln nach PrKlG zulässig sind, also auf die Preisentwicklung von für die Leistungserbringung relevanten Gütern oder Dienstleistungen abstellen, sollte dies auch AGB-rechtlich nicht zu beanstanden sein.

Dabei wird deutlich, dass das vom BGH aufgestellte Verbot der Steigerung des Gewinns und das damit logisch zusammenhängende Gebot der exakten Abbildung der tatsächlichen Kosten ein für die Wahrung der Interessen des Verbrauchers unzureichendes Kriterium ist. Bei Vertragsschluss hat der Kunde *unter Berücksichtigung der Marktlage* die Entscheidung für den Verwender (und dessen Preis) getroffen. Wie sich die tatsächlichen Kosten des Verwenders nach Vertragsschluss entwickeln, ist aus Sicht des Kunden unerheblich, solange sein Vertragspreis der allgemeinen Marktlage entspricht. Andererseits kann eine Preisanpassung zu einem nach Marktlage unangemessen hohen Preis führen, ohne dass der Verwender einen zusätzlichen Gewinn macht. Sind die Kosten des Verwenders zum Beispiel stark von Personalkosten geprägt, liegt es nahe, den auf Lohnkosten entfallenden Preisanteil gemäß den einschlägigen Tariflöhnen zu indexieren. Versuchte man stattdessen, die tatsächlichen Personalkosten abzubilden, wäre dies, wenn überhaupt nur unter Inkaufnahme erheblicher Abgrenzungsschwierigkeiten möglich, und ließe den Kunden an positiven wie negativen Kostenentwicklungen partizipieren, die eindeutig der unternehmerischen Sphäre zuzuordnen sind.

dd) Vertragslösungsrecht

Wenn die Begrenzung künftiger Preiserhöhungen und die Konkretisierung der notwendigen Voraussetzungen auf „unüberwindbare Schwierigkeiten" stößt, so kann der Verwender u.U. einen angemessenen Ausgleich durch die Einräumung eines Vertragslösungsrechts schaffen.[60] Das Lösungsrecht muss klar erkennbar sein und bereits vor der Preiserhöhung greifen und darf nicht durch unzumutbare Folgekosten oder ähnliche Hindernisse eingeschränkt sein.[61]

Der BGH hat strenge Regelungen für die Zulässigkeit von Preisanpassungsklauseln im Verbraucherverkehr aufgestellt. Da Gegenstand der Entscheidungen jedoch Klauseln waren, die Potenziale zur zulässigen Gestaltung brach liegen ließen, bleibt abzuwarten, wo der BGH die Grenzlinie bei differenzierteren Klauseln ziehen wird.

60 BGH NJW 2008, 360, 363 (PayTV). Nach dem BGH scheidet eine verständliche Formulierung nicht bereits deshalb aus, weil für die Preisgestaltung zahlreiche Faktoren maßgebend sein können und die Leistungen auf einem sehr dynamischen Markt angeboten werden. Ande-

Nach der hier vertretenen Auffassung ist durchaus möglich, dass der BGH etwa eine selbsttätige Preisklausel für zulässig erachtet, die auf die Entwicklung gewisser Indizes abstellt.

2. Unternehmerischer Verkehr

Im unternehmerischen Verkehr findet § 309 Nr. 1 BGB gemäß § 310 Abs. 1 S. 1 BGB keine Anwendung und gemäß § 310 Abs. 1 S. 2 Hs. 2 BGB ist auf die im Handelsverkehr geltenden Gewohnheiten und Gebräuche angemessen Rücksicht zu nehmen. Daher können dort nicht ebenso strenge Anforderungen an die Transparenz und Angemessenheit von Preisklauseln gestellt werden, wie in Verbraucherverträgen.[62]

a) Ältere Rechtsprechung

In der Vergangenheit haben Gerichte Preisanpassungsklauseln in AGB im unternehmerischen Verkehr selten beanstandet. Die Zulässigkeitsanforderungen blieben weit hinter der heutigen Rechtsprechung für Verbraucherklauseln zurück.[63] Für unbedenklich hat der BGH etwa eine Preisklausel gehalten, die nicht erkennen ließ, in welchem Umfang Preiserhöhungen drohen.[64] Es läge in der Natur der Sache, dass ein Recht des Verwenders zur Bestimmung der zu zahlenden Preise für den Betroffenen ein Unsicherheitsmoment schaffe. Ferner könne ein Preisbestimmungsrecht des Verwenders auch ohne Lösungsrecht wirksam in AGB vereinbart werden.[65]

b) Neuere Rechtsprechung

Die Tendenz der aktuelleren Rechtsprechung geht jedoch in die andere Richtung. Der BGH fordert – wie im Verbraucherverkehr auch – (i) ein berechtigtes Interesse

62 So grundsätzlich auch BGH NJW 1985, 853, 855 (Schmiermittel); MüKo/Kieninger, BGB, § 309 Nr. 1 Rn. 25; Wolf/Lindacher/Pfeiffer/Dammann, AGB-Recht, § 309 Nr. 1 Rn. 161; Thomas, AcP 209, 83, 112 m.w.N.

63 Vgl. z.B. BGH NJW 1985, 426, 427 (Zündholzschachteln); OLG Köln NJW-RR 1990, 401, 401 (Mieterhöhungsklausel).

64 BGH NJW 1985, 426, 427 (Zündholzschachteln).

65 BGH NJW 1985, 426, 427 f. (Zündholzschachteln). Begründet hat der BGH dies unter Verweis auf § 310 Abs. 1 S. 2 Hs. 2 BGB mit den im Handelsverkehr geltenden Gewohnheiten und Gebräuchen. Der Betroffene könne die ihm auferlegte Preiserhöhung an seine Kunden

des Verwenders, (ii) die Konkretisierung der Voraussetzungen und Folgen einer Preisanpassung sowie (iii) die Wahrung der Interessen des Vertragspartners.[66] Welche genauen Anforderungen hieraus für Verträge zwischen Unternehmern abzuleiten sind, ist schwer zu beurteilen.

aa) Berechtigtes Interesse

Zwischen Unternehmern sind zahlreiche Konstellationen denkbar, in denen ein berechtigtes Interesse des Auftragnehmers an einer Preisanpassung besteht, beispielsweise vor dem Hintergrund volatiler Einkaufspreise oder einer langen Bindung des Auftragnehmers, die ihrerseits der Versorgungssicherheit des Kunden dient oder zur Amortisierung hoher Anfangsinvestitionen des Auftragnehmers erforderlich ist.[67] Insbesondere bei Dauerschuldverhältnissen oder Sukzessivlieferungsverträgen wird ein berechtigtes Interesse in der Regel anzuerkennen sein.[68]

bb) Transparenz

Die Voraussetzungen der Preisanpassung erfordern nach dem BGH jedenfalls die Angabe von bestimmten Gründen als „einschränkende Voraussetzung."[69] Nur bei besonderen Schwierigkeiten[70] oder sofern die Interessen des Kunden auf andere Weise gewahrt werden,[71] könne die Konkretisierung der Preiserhöhungsfaktoren unterbleiben. Da das erforderliche Maß an Transparenz von den Erwartungen und Erkenntnismöglichkeiten eines durchschnittlichen Vertragspartners abhängt,[72] sind aufgrund der gesteigerten geschäftlichen Erfahrung eines Unternehmers geringere Anforderungen an die Transparenz zu stellen, als im Verbraucherverkehr. Zudem kann von einem Unternehmer erwartet werden, dass der Preisabrede seine besondere Aufmerksamkeit gilt.[73] Daher sollte eine abschließende Auflistung und Gewichtung

66 BGH NJW-RR 2005, 1496, 1501 (Kfz-Vertragshändlervertrag II); BGH NJW 1994, 1060, 1063 (Daihatsu); OLG Rostock, GWF/Recht und Steuern 2005, 17. Vgl. auch BGH NJW 2000, 515, 520 (Kfz-Vertragshändlervertrag I), wonach eine Änderung wesentlicher Vertragsgrundlagen nur bei Vorliegen schwerwiegender Gründe möglich ist.

67 Vgl. Thomas, AcP 2009, S. 84, 113 f.

68 Vgl. aber BGH NJW 2003, 886, 888, wonach ein Preisanpassungsrecht in einem Vertrag mit zehnjähriger Bindung unangemessen ist. Die zehnjährige Bindung böte nicht den Vorteil der Preissicherheit, der den Nachteil der langjährigen Bindung ausgleichen könne.

69 BGH NJW-RR 2005, 1496, 1501 (Kfz-Vertragshändlervertrag II).

70 BGH NJW 1994, 1060, 1063 (Daihatsu).

71 BGH NJW 1985, 426 (Zündholzschachteln); NJW 1985, 853 (Schmiermittel). Ebenso Palandt/Heinrichs, BGB, § 309 Rn. 9.

72 BGH NJW 2006, 996, 998.

konkreter Kostenelemente entbehrlich sein und stattdessen eine allgemeine Umschreibung der Gründe für Preiserhöhungen genügen, die allerdings über pauschale Hinweise auf gestiegene Kosten hinaus gehen und für die Preisanpassung relevante Kostenbereiche konkret benennen muss (weil ansonsten die vom BGH geforderte einschränkende Wirkung ausbliebe).

Was die Konkretisierung der Rechtsfolgen angeht, dürfte im unternehmerischen Verkehr auch eine Preisanpassung nach billigem Ermessen zulässig sein. Der Vertragspartner hat die Möglichkeit, den vom Verwender angepassten Preis nach § 315 Abs. 3 S. 2 BGB gerichtlich überprüfen zu lassen. Dem unternehmerischen Kunden ist es – anders als der Verbraucher, der möglicherweise vor Rechtsstreitigkeiten zurückschreckt – durchaus zumutbar, von seinem Recht zur Überprüfung der Preisanpassung Gebrauch zu machen. Ferner steht außer Zweifel, dass eine fest vereinbarte Preiserhöhung (im Sinne einer Preisstaffel) dem Transparenzerfordernis genügt.

cc) Interessenwahrung

Während die richterliche Überprüfbarkeit des billigen Ermessens erkennbar der Wahrung der Interessen des Vertragspartners des Verwenders dient, bestehen eher Zweifel an der Interessenwahrung bei einer konkret vordefinierten Preiseskalation, etwa um einen festen Prozentsatz pro Jahr. Es kann zwar sein, dass der Verwender durch eine fixe Preiserhöhung seinen Gewinn steigert; umgekehrt ist nicht ausgeschlossen, dass die Kosten stärker steigen und der Gewinn sinkt. Erscheint die Preiseskalation zum Zeitpunkt des Vertragsschlusses als angemessen, weil sie etwa der durchschnittlichen Preisentwicklung der letzten Jahre entspricht, sollte dies im Rahmen der Angemessenheitsprüfung nach § 307 Abs. 1 Satz 1 BGB nicht zu beanstanden sein. Dann sollte es auch keiner Preissenkungspflicht bedürfen. Diese mag erforderlich sein, wenn ein flexibles Preiserhöhungsrecht vereinbart wird; ansonsten griffe zum Nachteil des Kunden ein „lock-in“ Effekt, der zur Preisbestimmung auf Grundlage des Höchststandes des Kostenelements führt.

Auch ein Kündigungsrecht bei einer Preiserhöhung (über ein gewisses Maß hinaus) erlaubt es dem Kunden grundsätzlich, seine Risiken zu begrenzen.[74] Dies gilt nur dann nicht, wenn ein Wechsel des Vertragspartners außerordentliche Kosten auslösen würde (wie z.B. häufig bei Outsourcingverträgen). Erforderlich dürfte jedenfalls sein, das Lösungsrecht so zu gestalten, dass es dem Vertragspartner möglich ist, den Vertrag vor der Wirksamkeit der Preiserhöhung zu beenden und gleichzeitig den Vertrag so lange aufrecht zu erhalten, wie es die Beschaffung alternativer Ressourcen erfordert.

Im unternehmerischen Verkehr bedarf es einer genauen Betrachtung des Einzelfalls. Starre Regelungen wie sie der BGH für Verbraucherverträge formuliert hat, sind jedenfalls aus der Sicht des Kautelarjuristen mangels Flexibilität nicht tauglich.

Die Ansätze, welche die Interessen des Kunden wahren können, sind vielfältig. Wenn der unternehmerische Kunde sich durch Kündigung zur alternativen Beschaffung frei machen kann oder einer festen Preiserhöhung in angemessener Höhe entgegen sieht, besteht kein Anlass ihm zu erlauben, sich auf die Unwirksamkeit einer Preisanpassungsklausel zu berufen.

V. Gestaltungsüberlegungen

Im Verbraucherverkehr lässt der BGH keinen Spielraum für andere als selbsttätige Preisanpassungsklauseln. Zwar hat der BGH andere Ansätze nicht ausdrücklich ausgeschlossen, aber doch Preisanpassungs*rechte* regelmäßig für unwirksam erklärt und Anforderungen zur Transparenz sowie Saldierungs- und Preissenkungspflicht aufgestellt, die andere Lösungen praktisch ausschließen. Zulässig bleibt allenfalls ein in Voraussetzungen und Rechtsfolgen exakt beschriebenes Preisanpassungsrecht, das Ermessen nur insofern zulässt, als der Verwender nach der Klausel zulässige Erhöhungen nicht vornehmen kann.

Wenngleich im unternehmerischen Verkehr andere Gestaltungen nicht im Vorhinein ausgeschlossen sind, kann das Unwirksamkeitsrisiko durch selbsttätige Klauseln minimiert werden. Selbst in individuell ausgehandelten Verträgen machen Preisanpassungsformeln häufig Sinn, da sie den Parteien erlauben, zulässige Preisanpassungen vorab vollumfänglich zu definieren, so dass im Nachhinein weder Einigungsbedarf noch Unklarheiten in Bezug auf Voraussetzungen und Rechtsfolgen entstehen, die zu Streit führen können.

Die auf selbsttätige Klauseln anwendbaren Vorgaben des PrKlG sind zwar zu beachten, stehen aber regelmäßig einer wirksamen Vereinbarung, die den Parteiinteressen genügt, nicht entgegen.

Was die Mechanik der Preisanpassung angeht ist – wie oben bereits erwähnt – festzulegen, ab wann und für welchen Zeitraum die Preise anzupassen sind, z.B. ab Ablauf des ersten vollen Kalenderjahrs nach Vertragsschluss jeweils für ein Kalenderjahr. Bei Sukzessivlieferverträgen kann statt auf Zeiträume auf einzelne Lieferungen abgestellt werden, wobei der Lieferant bei Verzug nicht durch die Preiseskalation aufgrund des späteren Lieferdatums profitieren sollte. Ferner sind der Basispreis und der Stichtag zur Feststellung der Entwicklung der maßgeblichen Kostenelemente zu vereinbaren. Um Risiken einer Preisschwankung angemessen zu verteilen, können – für Preissteigerungen und -senkungen – durch Mindest- und Höchstgrenzen Anpassungskorridore vereinbart werden. Um Unbilligkeiten zu vermeiden, können „catch-up“ Effekte zugelassen werden, indem eine außerhalb des Korridors liegende Preisschwankung mit einer gegenläufigen Preisentwicklung im Folgeintervall verrechnet wird.

Zum Preisfeststellungsstichtag ist der Preis gemäß Preisanpassungsformel zu beanpassung regelmäßig von der Veränderung von Faktoren abhängig gemacht, die (i) den Gesamtpreis maßgeblich beeinflussen, (ii) nicht der alleinigen Kontrolle des Verwenders unterliegen und (iii) volatil sind. Um die Entwicklung der Kostenelemente abzubilden bieten sich öffentliche Börsenpreise, Indizes und Tariflöhne an. Diese bilden zwar die tatsächlichen Kosten der Leistungserbringung nicht exakt nach,[75] tragen aber dem Interesse des Verwenders Rechnung, volatile Kostenelemente zumindest im Ansatz abzubilden und schließen aus Kundensicht Preissteigerungen wegen Missmanagement und daraus folgenden Kostensteigerungen aus. Die Werte der vereinbarten Indizes (etwa für Lohn und Material) zum Stichtag sind ins Verhältnis zum Ausgangswert (etwa der Tag des Leistungsbeginns oder Produktionsstarts) zu setzen und entsprechend ihrer Gewichtung zu berücksichtigen

Nach § 1 Abs. 2 Nr. 3 PrKlG sind derartige Formeln zulässig, wenn die für die Anpassung maßgeblichen Faktoren für die Selbstkosten des Schuldners die Sachleistung tatsächlich beeinflussen. Denkbar, wenn auch in der Praxis seltener, ist die Preisanpassung aufgrund der Entwicklung der Preise für ein vergleichbares Gut in Form einer Spannungsklausel gemäß § 1 Abs. 2 Nr. 2 PrKlG. Voraussetzung ist, dass ein vergleichbares Gut existiert, auf dessen Preisentwicklung transparent Bezug genommen werden kann.

75 Wie oben in Ziffer VI. 1.1 angedeutet, ist es weder in Bezug auf die zeitliche noch auf die inhaltliche Komponente möglich, die exakten Kosten, die dem Schuldner bei der Leistungs-

AGB und Einwilligung im Bundesdatenschutzgesetz – ein Überblick und eine Gegenüberstellung

Dr. Jürgen Hartung*

I. Einleitung

Das Thema Datenschutz steht seit dem Jahr 2008 besonders im Fokus von Wirtschaft, Legislative und Rechtsprechung. Dies liegt in erster Linie an verschiedenen Datenschutz-Skandalen. Auf diese hat der Gesetzgeber im Anschluss an einen Datenschutzgipfel beim Innenministerium mit einer Gesetzesnovelle[1] zur Verschärfung des Datenschutzrechts reagiert. Insbesondere die Nutzung von Daten für Zwecke der Werbung, des Marketing und des Adresshandels unterliegt seither neuen Regeln. Unter anderem hat man spezielle Anforderungen an eine Einwilligungsklärung in § 28 Abs. 3a und Abs. 3b Bundesdatenschutzgesetz (BDSG) n.F. eingefügt. Zudem ist bereits zum 1.1.2009 das Gesetz gegen den unlauteren Wettbewerb (UWG) dahingehend neugefasst worden, dass bei Werbung unter Verwendung eines Faxgerätes oder elektronischer Post eine ausdrückliche Einwilligung notwendig ist, § 7 Abs. 2 Nr. 3 UWG.[2] Einige Monate später wurde das Erfordernis einer ausdrücklichen Einwilligung auch bei der Telefonwerbung gegenüber Verbrauchern in den Wortlaut aufgenommen, § 7 Abs. 2 Nr. 2 UWG.[3] An dieser Stelle schließt sich der Kreis zur Rechtsprechung über Einwilligungserklärungen bei Rabattsystemen aus dem Jahr 2008, insbesondere zum sogenannten Payback-Urteil des BGH.[4] Der BGH hatte die Wirksamkeit formularmäßiger Einwilligungserklärungen zu beurteilen. Das Gericht überprüfte im Rahmen einer AGB-rechtlichen Inhaltskontrolle, ob die Klauseln von wesentlichen Grundgedanken des BDSG bzw. des UWG abweichen. Die bei dieser Prüfung vom BGH angewendeten Maßstäbe haben teilweise Eingang in die genannten Gesetzesnovellen gefunden.

Wie zuvor andere Gerichte, wendete der BGH auf Einwilligungsklauseln damit zwei Regelungsregime an. Zum einen das Datenschutzrecht, welches insbesondere in § 4a BDSG (sowie jetzt in § 28 Abs. 3a und Abs. 3b BDSG n.F.) mannigfaltige Vorgaben für die Ausgestaltung und die Wirksamkeit von Einwilligungserklärungen statuiert (bzw. das UWG); zum anderen das AGB-Recht.

1 Gesetz zur Änderung datenschutzrechtlicher Vorschriften (sog. „Datenschutznovelle II“) vom 14. 08.2009 (BGBl. I, 2814).

2 Erstes Gesetz zur Änderung des Gesetzes gegen den unlauteren Wettbewerb vom 22.12.2009 (BGBl. I, 2949).

3 Gesetz zur Bekämpfung unerlaubter Telefonwerbung und zur Verbesserung des Verbraucher-

Dies gibt Anlass, das Verhältnis datenschutzrechtlicher Anforderungen, insbesondere aus dem BDSG, zu AGB-rechtlichen Anforderungen grundlegend zu durchdenken und Schlussfolgerungen für die optimale Klauselgestaltung zu ziehen.

Dieser Beitrag verschafft einen Überblick über diese Bezüge, vertieft exemplarische Fragen und liefert konkrete Klauselvorschläge.

II. Zweck und Rechtsfolgen datenschutzrechtlicher Einwilligungen

Die problematischen Aspekte der Anwendung des AGB-Rechts auf datenschutzrechtliche Einwilligungserklärungen sind nur mit Blick auf den Zweck und auf die Rechtsfolgen einer Einwilligungserklärung nach dem BDSG zu erfassen.

1. Datenschutzrechtliche Legitimation durch Einwilligung oder gesetzlichen Erlaubnistatbestand

Grundnorm ist § 4 Abs. 1 BDSG, ein gesetzliches Verbot mit Erlaubnisvorbehalt. Danach ist die Erhebung, Verarbeitung oder Nutzung personenbezogener Daten nur zulässig, soweit entweder das BDSG oder eine andere Rechtsvorschrift dies erlaubt oder anordnet („gesetzlicher Erlaubnistatbestand“) oder der Betroffene eingewilligt hat. Gesetzliche Erlaubnistatbestände können sich mithin entweder aus dem BDSG oder aus Spezialgesetzen ergeben (hier sind insbesondere das TKG sowie das TMG zu nennen).

Soweit die Erhebung oder Verwendung personenbezogener Daten auf gesetzliche Erlaubnistatbestände gestützt werden kann, bedarf es keiner Einwilligung (die überobligatorische Einholung von Einwilligungserklärungen kann sogar nachteilig sein, vgl. IV.2.g).

2. Abgrenzung zu formularmäßigen Hinweisen i.S.d. § 4 Abs. 3, § 33 BDSG, § 93 TKG etc.

Kann die Erhebung oder Verwendung personenbezogener Daten auf gesetzliche Erlaubnistatbestände gestützt werden, besteht grundsätzlich die Pflicht, die Betroffenen auf diese datenschutzrechtlich relevanten Vorgänge hinzuweisen, § 4 Abs. 3 BDSG, § 33 BDSG, § 93 TKG etc. Dabei sind die Betroffenen etwa über die Art, das Ausmaß und die Zweckbestimmung der Datenerhebung oder -verwendung zu informieren. Häufig geschieht dies formularmäßig. Dabei wird in der Praxis nicht immer hinreichend deutlich gemacht, dass es sich bei den betreffenden Klauseln um datenschutzrechtliche „Hinweise“ - in Abgrenzung zu datenschutzrechtlichen „Einklauseln, die eine vergleichbare Information des Unterzeichners voraussetzen (dazu unten IV.2.c), die im Übrigen aber anderen Anforderungen entsprechen müssen und die eine spezielle Regelungswirkung haben. Eine exakte Differenzierung zwischen Datenschutzhinweis und datenschutzrechtlicher Einwilligungserklärung ist daher bedeutsam. Dies zeigt auch ein Blick auf die unterschiedlichen Rechtsfolgen ungenügender Klauseln:

Sofern ein Hinweis auf eine durch gesetzliche Erlaubnis legitimierte Datenverarbeitung fehlt oder fehlerhaft ist, führt dies bei privaten Stellen nicht zur Unzulässigkeit der Datenverarbeitung selbst.[5] Die Datenverarbeitung bleibt zulässig, soweit die Voraussetzungen der gesetzlichen Erlaubnistatbestände gegeben sind.

Enthält dahingegen eine Einwilligungsklausel unzureichende oder fehlerhafte Informationen, kann auf dieser Grundlage die Einwilligung nicht (in vollem Umfang) wirksam eingeholt werden. Da die Einwilligungserklärung die Legitimationsgrundlage für die Datenverarbeitung darstellt, ist die Datenverarbeitung insoweit selbst unzulässig.[6] Auf gesetzliche Erlaubnistatbestände kann hier regelmäßig nicht zurückgegriffen werden.[7]

Unzureichende Hinweise sind als formelle Datenschutzverstöße nach § 43 Abs. 1 Nr. 8, Abs. 3 BDSG mit max. 50.000 EUR (zzgl. der Möglichkeit einer Gewinnabschöpfung) bußgeldbewährt. Sie stellen eine Ordnungswidrigkeit dar, können aber nicht zu einer Strafbarkeit nach § 44 BDSG führen.

Haben dahingegen unzureichende oder fehlerhafte Informationen die Unwirksamkeit einer Einwilligungserklärung bedingt, erfolgt die anschließende Datenverarbeitung (wegen des Verstoßes gegen das grundsätzliche Verbot der Bearbeitung personenbezogener Daten nach § 4 Abs. 1 BDSG)[8] unbefugt. Derartige materielle Verstöße stellen eine mit bis zu 300.000 EUR (zzgl. der Möglichkeit einer Gewinnabschöpfung) bußgeldbewährte Ordnungswidrigkeit dar, § 43 Abs. 2 und Abs. 3 BDSG und führen möglicherweise zu einer Strafbarkeit nach §§ 43 Abs. 2, 44 Abs. 1 BDSG.

Für die AGB-rechtliche Prüfung gilt es, diese Unterschiede zu berücksichtigen. Bloße Hinweise auf eine durch gesetzlichen Erlaubnistatbestand legitimierte Datenverarbeitung können, mangels Regelungscharakters, an und für sich nicht der In-

5 Schaffland/Wiltfang, Bundesdatenschutzgesetz, § 4 Rn 17; Gola/Schomerus/Gola, BDSG, 9. Aufl. 2007, § 4 Rn 46 ff. unter Hinweis auf Ausnahmefälle, wenn die verantwortliche Stelle wider Treu und Glauben einen Hinweis unterlässt, um auf diese Weise Daten zu „erschleichen"; kritisch auch Simitis/Sokol, BDSG, 6. Aufl. 2006, § 4 Rn 57-59, die eine Differenzierung zwischen öffentlichen und privaten Stellen vornimmt und dabei differenziert, ob eine Pflicht zur Datenerhebung besteht, weil nur in einem solchen Fall die Datenverarbeitung zulässig sei und der Fehler geheilt werden könne.

6 Vgl. Iraschko-Luscher, Einwilligung - ein stumpfes Schwert des Datenschutzes?, DuD 2006, 706, 709.

7 Wohl Simitis/Walz, BDSG, § 4 Rn 6; Gola/Schomerus/Gola, BDSG, § 4 Rn 16; a.A. und zwischen öffentlichen und privaten Bereich unterscheidend Roßnagel/Holznagel/Sonntag,

haltskontrolle unterliegen.[9] Die insofern für die Anwendbarkeit des AGB-Rechts auf Einwilligungserklärungen angeführten Argumente der Rechtsprechung (vgl. IV.1.) können daher nicht greifen. Zu beachten bleibt in diesem Fall jedoch (auch wenn dies dogmatisch nicht konsequent erscheint), dass die Rechtsprechung nach §§ 307 Abs. 3 S. 2, 307 Abs. 1 S. 2 BGB dennoch eine Transparenzkontrolle durchführt, obwohl der Anwendungsbereich des AGB-Rechts eigentlich nicht eröffnet ist. Die Inhaltskontrolle nach § 307 Abs. 3 S. 1 BGB unterbleibt dann. Dies kann man etwa den Entscheidungen des OLG München im Payback-Urteil,[10] des OLG Köln im Happy Digits Urteil[11] sowie des OLG Saarbrücken im Schufa-Urteil[12] entnehmen. Vorsicht bei der Formulierung von Hinweisen soll wegen § 305c Abs. 2 BGB geboten sein, so der BGH im Schufa-Urteil.[13]

III. Die Bedeutung formularmäßiger Einwilligungserklärungen für die Praxis

Vergegenwärtigt man sich das dringende Bedürfnis der Wirtschaft, im Massengeschäft für unterschiedliche Geschäftszwecke auch außerhalb gesetzlicher Erlaubnistatbestände personenbezogene Daten zu verwenden, werden die Bedeutung und die Bandbreite der Einsatzbereiche formularmäßiger Einwilligungserklärungen deutlich.

Vorformulierte und oft millionenfach verwendete Einwilligungserklärungen sind die Regel und nicht durch individuelle Erklärungen ersetzbar, da im Massengeschäft regelmäßig elektronische Datenverarbeitung eingesetzt wird. Diese basiert auf standardmäßigen EDV-Prozessen, die wiederum in Geschäftsprozesse eingebettet sind. Ein individuelles Aushandeln besonderer Bedingungen in einem Einzelfall würde somit auch eine Abänderung von IT- und Geschäftsprozessen voraussetzen. Dies ist bei vielen Geschäftsmodellen nicht kosteneffizient möglich.

Im Folgenden wird die Bandbreite der Einsatzbereiche von Einwilligungserklärungen anhand typischer Fallgruppen aufgezeigt.

1. Werbung/Marketing

Einwilligungen in Datenverwendungen für Werbe- und Marketingzwecke sind von außerordentlicher wirtschaftlicher Bedeutung. Dies gilt seit der BDSG-Novelle auch für die Verwendung sogenannter Listendaten, soweit die Verwendung nicht ausschließlich für bestimmte Werbezwecke gemäß § 28 Abs. 3 S. 2 BDSG n.F. (Werbung für eigene Angebote, Werbung im Hinblick auf die berufliche Tätigkeit des

9 Zscherpe, Datenschutz im Internet, K&R 2005, 264, 268.
10 OLG München MMR 2007, 47, 47 f.
11 OLG Köln GRUR-RR 2008, 327, 327 = NJOZ 2008, 2839, 2846

Betroffenen unter dessen Geschäftsadresse etc.) und damit weiterhin gesetzlich legitimiert erfolgt, sog. eingeschränktes „Listenprivileg". Die Einwilligungserklärungen können sich hier auf verschiedene inhaltliche Bereiche beziehen:

Soll eine Einwilligung in die Nutzung bestimmter Daten für Zwecke der Werbung und des Marketing gegeben werden, betrifft die Einwilligung die zugrundeliegende Datenbasis und ggf. den Einsatz von Customer Relationship Management Systemen, Data Warehouses und Data Mining mit einer Erfassung von Konsum- oder Nutzungsverhalten. Derartige Klauseln sind etwa bei den Rabattsystemen Payback oder Happy Digits im Einsatz.

Eine Einwilligung ist häufig vorgesehen, um eine bestimmte Form der Werbung oder Direktmarketingmaßnahme zu legitimieren. § 7 UWG erfordert Einwilligungen regelmäßig für Werbung via Telefon, Fax und elektronischer Post (E-Mail oder SMS). Auch hierfür gibt es viel diskutierte Klauseln in den Einwilligungsformularen der Rabattsysteme Payback oder Happy Digits.

Nicht nur für die eigene Nutzung, sondern auch für die Übermittlung von Daten an Dritte für Werbezwecke bedarf es außerhalb des Listenprivilegs einer legitimierenden Einwilligung. Beispielhaft erwähnt seien hier Einwilligungen in konzernweite Datennutzungen, insbesondere die sogenannten Allfinanz-Klauseln.[14]

2. Daten zur Risikoabschätzung

Personenbezogene Daten werden häufig herangezogen, um die Risiken eines (potentiellen) Vertragsverhältnisses mit dem Betroffenen zu bewerten.

Zum einen soll vorvertraglich die Bonität oder Ausfallwahrscheinlichkeit beurteilt werden. Dazu werden vielfach Auskünfte von Auskunfteien (z.B. Schufa) eingeholt. Auf Basis der gelieferten Daten werden Punkte vergeben, diese werden gewichtet und dann zu einer einzelnen Bonitäts-Note zusammengefasst (Scoring).

Zum anderen kann es im Unternehmensinteresse liegen, im Laufe von Vertragsverhältnissen gewonnene Erkenntnisse über Geschäftspartner weiter zu geben, um sich selbst oder Dritten im Fall zukünftiger Vertragsabschlüsse mit diesen Geschäftspartnern den Zugriff auf notwendige Informationen zu ermöglichen. Für diesen Zweck sollen Einwilligungserklärungen Datenflüsse in Warndateien (z.B. die zentrale Warndatei HIS der Versicherungen) oder an Auskunfteien legitimieren.

3. Maßnahmen der Unternehmensorganisation

Für verschiedene Maßnahmen der Unternehmensorganisation sind Erhebungen oder Verwendungen von personenbezogenen Daten, vor allem Übermittlungen, erforderlich. Soweit man sich dabei nicht auf gesetzliche Erlaubnistatbestände berufen kann, werden auch derartige Vorgänge in der Praxis häufig auf Einwilligungserklärungen gestützt.

Werden im Rahmen einer Restrukturierung oder neuen Arbeitsteilung neue Konzernstrukturen geschaffen, können Übermittlungen von personenbezogenen Daten an neue Konzerneinheiten notwendig werden, die entsprechende Einwilligungserklärungen erfordern. Ein Beispiel ist die einheitliche Einwilligungserklärung der Versicherungsbranche.

Die Einschaltung externer Dienstleister im Rahmen eines Outsourcings ist häufig Gegenstand von Einwilligungserklärungen, wenn gängige Instrumente wie die Auftragsdatenverarbeitung nicht ausreichen.

Bei besonderen Maßnahmen im Rahmen einer Kundenbeziehung kann eine Einwilligungserklärung notwendig werden. Ein Beispiel ist das Aufzeichnen von Gesprächen in Callcentern für Qualitätskontroll- und Ausbildungszwecke der Callcenter-Betreiber.

4. Einwilligungserklärungen im Arbeitsrecht

Auch in Arbeitsverhältnissen (sowie gegenüber Bewerbern) werden formularmäßig Einwilligungserklärungen eingeholt. Auf diesem Feld gibt es noch zahlreiche ungeklärte und teilweise noch relativ neue Rechtsfragen, weil die Anwendung der AGB-Regelungen auf Arbeitsverträge noch relativ jung ist.

Einwilligungserklärungen werden hier einmal im Bereich von Internetportalen verwendet, wenn Bewerberdaten verschiedenen Konzerngesellschaften zur Verfügung stehen oder für einen längeren Zeitraum gespeichert werden sollen.

Des Weiteren ist häufig im Rahmen von Mitarbeiter-Beteiligungsprogrammen eine Datenübermittlung an andere Konzerngesellschaften oder externe Dienstleister notwendig, die auf eine Einwilligungserklärung gestützt werden muss.

5. Schweigepflichtentbindungen

Der datenschutzrechtlichen Einwilligungserklärung verwandt sind die häufig ähnlich gestalteten Erklärungen zur Entbindung von der gesetzlichen Schweigepflicht (insbesondere § 203 StGB). Beispiele hierfür sind die einheitlichen Erklärungen in der Versicherungsbranche, standardmäßig verwendete Formulare von ärztlichen Abrechnungsstellen sowie Einwilligungserklärungen in Fällen von Praxisverkäufen durch Ärzte oder Rechtsanwälte.

IV. Die Anforderungen nach BDSG und AGB-Recht an formularmäßige Einwilligungen

Vor der Analyse bestimmter Zusammenhänge zwischen den Anforderungen des Datenschutzes und des AGB-Rechts an Einwilligungserklärungen (nachfolgend V.-VI.) wird zum einen die Anwendbarkeit des AGB-Rechts hinterfragt und letztendlich mit der Rechtsprechung bejaht (nachfolgend IV.1.). Zum anderen werden vorab die verschiedenen Anforderungen nach BDSG bzw. AGB-Recht nach Regelungsbereichen systematisiert und einander gegenübergestellt (nachfolgend V.2.).

1. Anwendbarkeit des AGB-Rechts

Das AGB-Recht findet nach § 305 Abs. 1 BGB Anwendung auf vorformulierte Vertragsbedingungen. Ob es sich bei formularmäßigen datenschutzrechtlichen Einwilligungserklärungen um Vertragsbedingungen handelt, kann man in Frage stellen. Denn der Unterzeichner solch einer Erklärung übt sein grundrechtlich verankertes Recht auf informationelle Selbstbestimmung aus,[15] um die Verwendung ihn persönlich betreffender Daten (und damit eine Beschränkung seines Persönlichkeitsrechts) durch den Klauselsteller zu legitimieren. Mit anderen Worten disponiert er über sein Persönlichkeitsrecht und schafft damit die Voraussetzung für die rechtskonforme Durchführung des zivilrechtlichen Vertrages unter Verwendung seiner Daten. Vor diesem Hintergrund wird die Unterzeichnung einer Einwilligungsklausel teilweise weder als Vertrag noch als ein sonstiges Rechtsgeschäft mit dem Verwender vorformulierter Einwilligungserklärungen, sondern als rechtsgeschäftsähnliche Handlung qualifiziert.[16] Dennoch dehnen die Gerichte in ihrer ständigen Rechtsprechung den Anwendungsbereich des AGB-Rechts über die reinen Vertragserklärungen hinaus auf die in Verbindung mit einem Vertrag abgegebenen Erklärungen aus.[17] In der Tat unterscheiden sich datenschutzrechtliche Einwilligungsklauseln gestaltungstechnisch, d.h. in Formulierungsweise oder Erscheinungsbild, nicht von (sonstigen) Vertragsbedingungen i.S.d. § 305 Abs. 1 BGB und sind insoweit schwierig abgrenzbar. Insofern mag das Ansinnen der Rechtsprechung nachvollziehbar sein. Die Argumentationsweise wäre aber schwieriger, wenn ein Unternehmer völlig isoliert von anderen Unterlagen ein Formular zur Einholung einer Einwilligungserklärung vorlegen würde.

15 Gola/Schomerus/Gola, BDSG, § 4a Rn 2.

16 Vgl. statt vieler: Drewes/Siegert, Die konkludente Einwilligung in Telefonmarketing, RDV 2006, 139, 141 m.w.N.

17 BGHZ 98, 24, 28 = NJW 1986, 2428, 2429; BGH NJW 2000, 2677, 2678; BGHZ 177, 253 =

Trotz dogmatischer Zweifel wird den folgenden Ausführungen die Sichtweise der Rechtsprechung zugrunde gelegt, welche die Anwendbarkeit des AGB-Rechts, soweit ersichtlich, durchgängig bejaht hat.[18]

2. Die z.T. gegenläufigen Anforderungen nach BDSG und AGB-Recht

Nachfolgend werden die verschiedenen Anforderungen nach BDSG einerseits und AGB-Recht andererseits nach Regelungsbereichen systematisiert und (zunächst nur) einander gegenübergestellt.

a) Persönliche Voraussetzungen

Die persönlichen Voraussetzungen für die Abgabe einer wirksamen Erklärung sind kein Kriterium einer AGB-Prüfung gemäß der §§ 305 ff. BGB. Vielmehr ist dies eine anhand der §§ 104 ff. BGB zu beurteilende Vorfrage. Danach setzt die wirksame Akzeptanz von Vertragsbedingungen (als rechtsgeschäftliche Handlung) die (beschränkte) Geschäftsfähigkeit des Unterzeichners voraus.[19] Fehlt diese, ist die Vereinbarung der Vertragsbedingungen gemäß § 105 Abs. 1 BGB nichtig, eine Überprüfung der Klauseln gemäß §§ 305 ff. BGB erübrigt sich.

Die persönlichen Voraussetzungen für die wirksame Abgabe einer datenschutzrechtlichen Einwilligung nach dem BDSG unterscheiden sich von den dargelegten persönlichen Voraussetzungen für eine wirksame Akzeptanz Allgemeiner Geschäftsbedingungen nach dem BGB. Nach dem Datenschutzrecht ist nach herrschender Ansicht nämlich lediglich die natürliche Einsichtsfähigkeit erforderlich und dabei ist nicht zwingend auf die Volljährigkeit oder Geschäftsfähigkeit abzustellen.[20]

Diese Thematik, insbesondere die Frage danach, ob die strengen Maßstäbe des BGB (analog) an die Einwilligungserklärungen anzulegen sind, knüpft an die zuvor aufgeworfene Frage nach der Rechtsnatur der datenschutzrechtlichen Einwilligung an (vgl. vorstehend IV.1.). Nur wenn man den Standpunkt vertritt, die Abgabe einer Einwilligungserklärung sei als zivilrechtliches Rechtsgeschäft zu qualifizieren oder

18 BGH NJW 2000, 2677, 2678; BGHZ 177, 253 = NJW 2008, 3055, 3055 f.; OLG München MMR 2007, 47, 48; OLG Düsseldorf MMR 2007, 387, 387; OLG Köln GRUR-RR 2008, 327, 327 = NJOZ 2008, 2839, 2842. Vgl. auch Schmitz/Eckhardt, AGB-Einwilligung in Werbung, CR 2006, 533, 535 m.w.N.

19 Statt vieler: BeckOK/Wendtland § 105 BGB Rn 9.

20 Gola/Schomerus/Gola, BDSG, § 4a Rn 10 m.w.N.; Schaffland/Wiltfang, BDSG, § 4a Rn 21; Zscherpe, Anforderungen an die datenschutzrechtliche Einwilligung im Internet, MMR 2004,

wie ein solches zu behandeln, wäre die Geschäftsfähigkeit Voraussetzung für die wirksame Einwilligung.

Der nachfolgende, frei konstruierte Fall veranschaulicht, dass die vorgenannten Ansichten zu unterschiedlichen Ergebnissen führen können: Wenn ein 16-jähriger Nutzer eines sozialen Netzwerkes im Internet einen besonderen einmaligen Premium-Dienst in Anspruch nehmen möchte und dabei einerseits einen Vertrag über diese Leistung gegen Entgelt abschließt sowie eine umfassende datenschutzrechtliche Einwilligungserklärung abgibt, hängt die Wirksamkeit des Vertrages von den Bestimmungen der §§ 107 ff. BGB ab. Wenn diese Voraussetzungen fehlen, etwa weil der Premium-Beitrag die eigenen Mittel übersteigt und keine Genehmigung der Erziehungsberechtigten erteilt wird, ist der Vertragsschluss nichtig. Die in diesem Zusammenhang abgegebene datenschutzrechtliche Einwilligungserklärung hingegen knüpft nur an die natürliche Einsichtsfähigkeit an. Eine entsprechende Information und Erfahrung des Minderjährigen vorausgesetzt, kann nach den Maßstäben des Datenschutzrechts die Einwilligungserklärung aufgrund der persönlichen Voraussetzungen wirksam sein. Soweit ersichtlich, hatte die Rechtsprechung derartige Fälle bislang noch nicht zu behandeln.

b) Formerfordernisse

Das AGB-Recht enthält in §§ 305 Abs. 2, 305a BGB zwar Vorgaben für eine wirksame Einbeziehung von AGB, setzt aber keine bestimmte Form voraus.[21] So kann auch ein Aushang von AGB in Geschäftsstellen ausreichen, ohne dass der Kunde eine schriftliche Erklärung abgibt.[22]

Für datenschutzrechtliche Einwilligungserklärungen gilt hingegen nach § 4a Abs. 1 S. 3 BDSG grundsätzlich die Schriftform. Ausnahmen von der Schriftform sind nur in eng umgrenzten Ausnahmefällen zulässig, etwa bei telefonisch durchgeführten Meinungsumfragen, bei denen eine schriftliche Einwilligung nicht eingeholt werden kann, oder aber in dauerhaften Geschäftsbeziehungen, in denen einmal eine schriftliche Einwilligung erteilt worden ist.[23] Für Einwilligungen in Werbemaßnahmen oder Adresshandel ist in diesem Zusammenhang neuerdings § 28 Abs. 3a BDSG zu beachten, wonach grundsätzlich gilt: Bei schriftlichen Einwilligungserklärungen, die zusammen mit sonstigen Erklärungen erteilt werden, ist eine drucktechnisch deutliche Hervorhebung erforderlich. Erklären Betroffene ihre Einwilligung wegen besonderer Umstände in anderer als der Schriftform (elektronisch, mündlich o.ä.), hat die verantwortliche Stelle dem Betroffenen den Inhalt der Einwilligung schriftlich zu bestätigen. Solch eine Bestätigung ist allerdings entbehrlich, sofern die

21 Vgl. nur MüKo/Basedow § 305 Rn 83.

22 Vgl. nur BGH NJW 2005, 422, 424 mit dem Verweis auf den eindeutigen Wortlaut des § 305 Abs. 2 Nr. 1 BGB.

Einwilligung elektronisch erteilt und protokolliert wird, für den Betroffenen jederzeit zugänglich ist und von diesem für die Zukunft jederzeit widerrufen werden kann. Vergleichbare Regelungen zur elektronischen Einwilligung enthalten auch die Spezialnormen § 13 Abs. 2 TMG (für Telemediendienste) und § 94 TKG (für Telekommunikationsdienste). Die vorgenannten Normen sind mit den zivilrechtlichen Anforderungen nach §§ 125 ff. BGB – insbesondere § 126a BGB – nicht zu verwechseln.[24]

Im Hinblick auf die Form stellt also das Datenschutzrecht strengere Anforderungen auf, die vom Verwender der Klauseln mit den Anforderungen des AGB-Rechts an eine wirksame Einbeziehung der Erklärung abgestimmt werden müssen.

c) Vorgaben für den Informationsgehalt sowie die Art der Darstellung

Gemäß §§ 4a Abs. 1 S. 2, 4a Abs. 3 BDSG ist Voraussetzung einer wirksamen, auf freier Willensentscheidung des Erklärenden beruhenden Einwilligung u.a., dass dieser auf den vorhergesehenen Zweck der Erhebung oder Verwendung ihn betreffender Angaben sowie auf die Folgen der Verweigerung seiner Einwilligung hingewiesen wird. Sofern besondere Arten personenbezogener Daten im Sinne von § 3 Abs. 9 BDSG betroffen sind, ist auch darauf ausdrücklich hinzuweisen. Aus dem Zusammenhang ergibt sich nach übereinstimmender Literaturansicht außerdem, dass über betroffene Daten sowie ggf. über Kategorien von Empfängern der Daten zu informieren ist.[25]

Eine Auslegung von § 4a BDSG nach Sinn und Zweck lässt überdies den Schluss zu, dass entsprechende Informationen hinreichend verständlich und bestimmt sein müssen.[26]

Die AGB-rechtlichen Bestimmungen geben dagegen keine konkreten Informationsinhalte vor. Es wird lediglich die Art und Weise der Darstellung von Erklärungsinhalten geregelt. So statuieren die §§ 305c, 307 Abs. 1 S. 2 BGB die Erfordernisse der Klarheit und Bestimmtheit sowie das Verbot überraschender Bestimmungen - vergleichbar den zuvor dargelegten, aus § 4a BDSG hergeleiteten Geboten der Bestimmtheit und Verständlichkeit.

24 Vgl. Drewes/Siegert RDV 2006, 139, 141; Spindler/Schuster/Spindler/Nink, KoReM, § 13 TMG Rn 6 m.w.N.; BT-Drs. 16/3078, 16 verweist insoweit auf die Rechtslage zum TKG und das durch das TMG abgelöste TDDSG und den MDStV, dazu: LG Potsdam DuD 2005, 302, 304; OLG Brandenburg MMR 2006, 405, 406.

25 Schaffland/Wiltfang, BDSG, § 4a Rn 11, 19; Gola/Schomerus/Gola, BDSG, § 4a Rn 11 ff.; Simitis/Simitis, BDSG, § 4a Rn 70 ff.; Zscherpe MMR 2004, 723, 725.

d) Die Kombination verschiedener Erklärungen

Die Frage, ob eine datenschutzrechtliche Einwilligung mit anderen Erklärungen verbunden werden kann, ist im Datenschutzrecht von besonderer Bedeutung und in § 4a Abs. 1 S. 4 BDSG ausdrücklich geregelt. Danach ist eine Verbindung mit sonstigen Erklärungen (z.B. mittels einheitlicher Unterschrift bei einem Vertragsabschluss) zulässig, die datenschutzrechtliche Einwilligung ist dann allerdings „besonders hervorzuheben". Die Ausfüllung dieses unbestimmten Merkmals ist sowohl Gegenstand der datenschutzrechtlichen Diskussion als auch AGB-rechtlicher Rechtsprechung gewesen[27] und war insbesondere Anlass für die Ausführungen des BGH im Payback-Urteil.[28] Vor diesem Hintergrund ist im Zuge der BDSG-Novelle die Spezialnorm § 28 Abs. 3a S. 2 BDSG erlassen worden, wonach Klauseln zur Einwilligung in Werbung oder Adresshandel in „drucktechnisch deutlicher Gestaltung besonders hervorzuheben" sind (der Gesetzentwurf der Bundesregierung[29] statuierte noch das Erfordernis einer gesonderten Willensbetätigung durch gesonderte Unterschrift bzw. sonstiges Tun). Das AGB-Recht selbst enthält hierzu keine Regelungen. Allerdings finden vorgenannte Bestimmungen des Datenschutzrechts über die Inhaltskontrolle nach §§ 307 Abs. 3, 307 Abs. 2 Nr. 1 BGB Eingang in die AGB-Prüfung.

e) Die Willensfreiheit

Ein wesentliches Element einer wirksamen datenschutzrechtlichen Einwilligung ist die Willensfreiheit nach § 4a Abs. 1 Nr. 1 BDSG. Dies folgt aus dem Charakter der datenschutzrechtlichen Einwilligung als Ausübung des Rechts auf informationelle Selbstbestimmung (dazu oben IV.1.).[30] Im Datenschutzrecht geht es bei dieser Fragestellung vor allem um die Umstände der Abgabe von Einwilligungserklärungen und die grundsätzlichen Beziehungen zwischen dem Verwender vorformulierter Einwilligungserklärungen und den betroffenen Vertragspartnern.

Eine vieldiskutierte Fallgruppe, bei der die Möglichkeit einer freien Entscheidung bezweifelt wird, sind die Fälle, in denen Arbeitgeber Einwilligungserklärungen von Arbeitnehmern einholen. Europäische und deutsche Datenschutzbehörden sind hier

27 BGHZ 177, 253 = NJW 2008, 3055, 3056; OLG Celle NJW 1980, 347, 348; OLG Köln NJOZ 2003, 1666, 1669; OLG München MMR 2007, 47, 48; AG Elmshorn MMR 2005, 870, 872; Simitis/Simitis, BDSG, § 4a Rn 40 f. m.w.N.; Gola/Schomerus/Gola, BDSG, § 4a Rn 14; Schaffland/Wiltfang, BDSG, § 4a Rn 29 f.; Zscherpe MMR 2004, 723, 726.

28 BGHZ 177, 253 = NJW 2008, 3055, 3057.

29 Bundesregierung, BT-Drs. 16/12011, 13 u. 33.

30 Ausdrücklich Geiger, Die Einwilligung in die Verarbeitung von persönlichen Daten als Ausübung des Rechts auf informationelle Selbstbestimmung, NVwZ 1989, 35, 37; weiteres zur

übereinstimmend der Ansicht, dass eine für die Durchführung eines Arbeitsverhältnisses notwendige Verwendung personenbezogener Daten regelmäßig nicht wirksam auf eine Einwilligungserklärung gestützt werden kann.[31]

Eine weitere Frage in diesem Zusammenhang ist, ob eine freie Entscheidung vorliegen kann, wenn der Anbieter einer vertraglichen Leistung die datenschutzrechtliche Einwilligungserklärung zur Bedingung für den Vertragsschluss macht (sogenannte Koppelung). Für gesetzlich nicht legitimierte Datenverwendungen zu Werbezwecken oder Adresshandel ist mit § 28 Abs. 3b BDSG ein ausdrückliches Kopplungsverbot in das BDSG eingeführt worden. Wegen dessen Einschränkung der Vertragsfreiheit ist das Verbot auf Fälle begrenzt, in denen dem Betroffenen ein anderer Zugang zu gleichwertigen vertraglichen Leistungen ohne die Einwilligung nicht oder nicht in zumutbarer Weise möglich ist.[32] Dieses neue Verbot ist grundsätzlich an die zuvor bestehenden bereichsspezifischen Kopplungsverbote in § 12 Abs. 3 TMG a.F. (im Zuge der BDSG-Novelle aufgehoben) und § 95 Abs. 5 TKG a.F. angelehnt. Zusätzlich enthält es das Kriterium „ohne die Einwilligung" (welches nunmehr auch in § 95 Abs. 5 TKG n.F. eingefügt ist). Dadurch soll die Konstellation erfasst werden, dass die marktbeteiligten Unternehmen jeweils für sich betrachtet keine marktbeherrschende Stellung einnehmen, so dass ein Zugang zu gleichwertigen Leistungen bei Mitbewerbern an sich möglich ist, aber marktweit sämtliche Anbieter bestimmter Leistungen gleichartige oder gleiche Einwilligungserklärungen abverlangen.[33] Denn insoweit wäre bei Verweigerung einer Einwilligungserklärung zu befürchten, dass der Betroffene bestimmte Angebote im Markt nicht mehr bekommt (derzeit evtl. in der Versicherungsbranche).[34] In entsprechender Anwendung dieses Arguments kann man wahrscheinlich davon ausgehen, dass sich die bezüglich

31 So z.B. die Stellungnahme 8/2001 zur Verarbeitung personenbezogener Daten von Beschäftigten der ARTIKEL-29-DATENSCHUTZGRUPPE vom 13.09.2001, S. 27 f., abrufbar unter http://ec.europa.eu/justice_home/fsj/privacy/docs/wpdocs/2001/wp48de.pdf; die Orientierungshilfe zur datenschutzgerechten Nutzung von E-Mail und anderen Internetdiensten am Arbeitsplatz des Bundesbeauftragten für Datenschutz und Informationsfreiheit vom 24.09.2007, S. 3, abrufbar unter:
http://www.bfdi.bund.de/cln_027/nn_531952/SharedDocs/Publikationen/Arbeitshilfen/OrientierungshilfeZurDatenschutzgerechtenNutzungVonEMailUndAnderenInternetdienstenAmArbeitsplatz.html;
Interview mit dem Bundesbeauftragten für den Datenschutz und die Informationsfreiheit Peter Schaar vom 30.01.2008, abrufbar unter:
http://www.bfdi.bund.de/cln_027/nn_531474/DE/Oeffentlichkeitsarbeit/RedenUndInterviews/2008/30-01SchutzDurchGesetz.html__nnn=true; vgl. auch Gola/Schomerus/Gola, BDSG, § 4a Rn 6; Simitis/Simitis, BDSG, § 4a Rn 62 m.w.N. in Fn 148; Wedde, Die wirksame Einwilligung im Arbeitnehmerdatenschutzrecht, DuD 2004, 169, 171; Zscherpe MMR 2004, 723, 727.

32 Bundesregierung, BT-Drs. 16/12011, 13 u. 33.

33 Bundesregierung, BT-Drs. 16/12011, 13 u. 33.

34 Siehe z.B. auch Schaar, Datenschutzrechtliche Einwilligung im Internet, MMR 2001, 644, 648; Schaar, Datenschutz im Internet, 2002, Rn 594; Hoeren/Sieber/Elschner, Handbuch

§ 12 Abs. 3 TMG a.F. geführte Diskussion, ob es darauf ankommt, dass ein Betroffener von einem anderen Marktteilnehmer eine gleichwertige vertragliche Leistung ohne daran gekoppelte datenschutzrechtliche Einwilligung erhält oder ob der konkrete Vertragspartner ein zweites Angebot ohne gekoppelte datenschutzrechtliche Einwilligungserklärung anbieten muss,[35] erübrigt hat.

Dieses Erfordernis der Willensfreiheit ist zivilrechtlich zunächst durch die Grundsätze über die Wirksamkeit einer Willenserklärung in §§ 116 ff. BGB erfasst. Zum anderen ist ein ähnlicher Grundgedanke auch in der Regelung nach § 307 Abs. 1 S. 1 BGB zu erkennen. Hintergrund der Schaffung des AGBG war die Feststellung, dass die Vertragsfreiheit aufgrund von typischen Machtgefällen zwischen den Vertragspartnern nicht mehr gewahrt schien, so dass die Willensfreiheit der strukturell schwächeren Vertragsparteien gestärkt werden sollte.[36] Vorgenannte Anforderungen des BDSG lassen sich ebenfalls über § 307 Abs. 2 Nr. 1 BGB berücksichtigen.

f) Regulierung der zulässigen Inhalte

Das BDSG enthält keinerlei Begrenzungen der potenziellen Reichweite von Einwilligungserklärungen. Vielmehr kann grundsätzlich jegliche Datenverarbeitung (in den vorgenannten Grenzen) Gegenstand einer wirksamen Einwilligungserklärung sein und auf diese Weise legitimiert werden.[37] Die Einwilligung ist gerade zu dem Zweck alternativ zu den gesetzlichen Erlaubnistatbeständen konzipiert worden,[38] dem Einzelnen die freie Ausübung seines Rechts auf informationelle Selbstbestimmung zu ermöglichen. Dies steht im Einklang mit den Ausführungen des Bundesverfassungsgerichts im Volkszählungsurteil, wonach das Recht auf informationelle Selbstbestimmung auch beinhalten kann, auf dieses Recht zu verzichten.[39] Dieses Grundsprinzip wird, wenn überhaupt, nur ausnahmsweise durchbrochen, so etwa in § 98 TKG, nach dem bei sog. Location Based Services selbst bei erfolgter Einwilligung Einschränkungen bzgl. Ausmaß und Zeitrahmen der Nutzung personenbezogener Daten zu gelten scheinen.[40]

Dem AGB-Recht, insbesondere der Inhaltskontrolle nach §§ 307 Abs. 1 S. 1, 307 Abs. 2 Nr. 1 BGB, liegt eine andere Systematik zugrunde. Zum Schutz des Ver-

35 Zur Problematik m.w.N.: Spindler/Schuster/Spindler/Nink, KoReM, § 12 Abs. 3 TMG Rn 9.

36 Staudinger/Schlosser, Vorb zu §§ 305 ff. Rn 1 ff.

37 Hamburgischer Beauftragte für Datenschutz und Informationsfreiheit, 21. Tätigkeitsbericht 2006/2007, S. 13; Gola/Schomerus/Gola, BDSG, § 4a Rn 9; Schaffland/Wiltfang, BDSG, § 4a Rn 1; vgl. auch Geiger NVwZ 1989, 35, 37; allerdings ist zu beachten, dass z.B. im Arbeitsverhältnis nur solche Daten verarbeitet werden dürfen, deren Verwendung nicht durch arbeitsrechtliche Regelungen ausgeschlossen ist, und die tatsächlich für das einzelne Arbeitsverhältnis erforderlich sind; siehe Roßnagel/Holznagel/Sonntag, S. 688.

38 Roßnagel/Holznagel/Sonntag, S. 685; Schaffland/Wiltfang, BDSG, § 4a Rn 1; Simitis/Walz, BDSG, § 4 Rn 6; Simitis/Simitis, BDSG, § 4a Rn 1.

tragspartners eines Klauselverwenders werden die vorformulierten Bestimmungen mit den wesentlichen Grundgedanken (dispositiven) Gesetzesrechts, von dem sie abweichen bzw. das sie ergänzen, verglichen. Besteht hier eine zu große Abweichung, kann dies zur Nichtigkeit der Bestimmung führen. Die Privatautonomie beider Parteien wird dadurch beschnitten.

Inwiefern diese Form der inhaltlichen Kontrolle auf datenschutzrechtliche Einwilligungserklärungen übertragen werden kann, ist nachfolgend Gegenstand näherer Betrachtung (vgl. VII.).

g) Rechtsfolgen

Bei einer Nichtigkeit allgemeiner Geschäftsbedingungen gilt nach § 306 Abs. 2 BGB im Zweifel die durch die vertragliche Erklärung abbedungene oder veränderte gesetzliche Regelung. Insofern ist ein Rückgriff auf ein bestehendes Regelungswerk typisch.

Im Hinblick auf datenschutzrechtliche Einwilligungserklärungen ist bereits die Ausganglage eine andere. Während die Systematik des AGB-Rechts bei rechtsgeschäftlichen Erklärungen nach §§ 306 Abs. 2, 307 Abs. 2 Nr. 1 BGB darauf basiert, dass für einen bestimmten Sachverhalt jeweils gesetzliche Regelungen Anwendung finden und diese durch entsprechende Verträge modifiziert werden sollen, wird durch die Einwilligung keine gesetzliche Regelung abbedungen oder ergänzt. Vielmehr ist die datenschutzrechtliche Einwilligungserklärung als Alternative zu gesetzlichen Erlaubnistatbeständen konzipiert. Soweit für einen bestimmten Vorgang ein gesetzlicher Erlaubnistatbestand, etwa nach § 28 BDSG vorliegt, wird man sich regelmäßig auf diesen stützen und keine Einwilligungserklärung einholen. Datenschutzbehörden haben (z.B. im Bereich der einheitlichen Einwilligungserklärung der Versicherungsbranche) sogar darauf hingewiesen, dass sie in diesen Fällen eine Einwilligungserklärung für unwirksam bzw. problematisch halten.[41] Wenn teilweise dennoch Einwilligungserklärungen eingeholt werden, deren Inhalt auch von den gesetzlichen Erlaubnistatbeständen abgedeckt wäre, liegt dies zumeist daran, dass die gesetzlichen Erlaubnistatbestände unbestimmt sind und daher mit einer Einwilligungserklärung bestehenden Auslegungsrisiken begegnet werden soll.[42] Sofern dies jedoch nicht der Fall ist und der Inhalt einer Einwilligung eben nicht durch einen gesetzlichen Erlaubnistatbestand abgedeckt ist, führt der Wegfall einer Einwilligung

41 Vgl. hierzu maßgeblich den Hamburgischen Beauftragten für Datenschutz und Informationsfreiheit, 20. Tätigkeitsbericht 2004/2005, S. 91 ff. sowie 21. Tätigkeitsbericht 2006/2007, S.

dazu, dass (mangels gesetzlicher Auffangregel) die Datenverarbeitung insgesamt unzulässig wird.[43]

3. AGB-Rechtsprechung im Bereich der Informationspflichten

Über die verschiedenen Anforderungen an die notwendigen Informationen, deren Transparenz und Bestimmtheit (vgl. IV.2.c), hat die Rechtsprechung mehrfach entschieden. Dabei hat sie auch die Bestimmungen nach § 4a BDSG berücksichtigt und unter anderem folgende Maßstäbe gesetzt:

Die Kennzeichnung entsprechender Textstellen zum Datenschutz ist sorgfältig zu gestalten. So wurde etwa die Überschrift „Datenschutz“ als missverständlich eingeschätzt, weil damit nicht deutlich wird, ob es sich um Hinweise auf gesetzliche Erlaubnistatbestände oder um Einwilligungserklärungen handelt.[44]

Die betroffenen personenbezogenen Daten sind zu nennen, entweder durch konkrete Bezeichnung oder hinreichend klare Bezugnahme, damit deutlich wird, worauf sich eine datenschutzrechtliche Einwilligungserklärung bezieht. Diese Voraussetzung nach § 4a BDSG hat der BGH in seinem Urteil Legitimationsprüfung[45] und das Oberlandesgericht Düsseldorf in seinem Schufa-Urteil von 2005[46] berücksichtigt.

Das Erfordernis der Information über die Zweckbestimmung der Erhebung oder Verwendung personenbezogener Daten gemäß § 4a Abs. 1 S. 1 BDSG war in verschiedener Hinsicht Gegenstand von Gerichtsverfahren. So hat das OLG Düsseldorf in seinem Urteil über Bestandsdaten den Hinweis, die Daten seien „zur Beratung“ notwendig, als zu unbestimmt erachtet.[47] Bei einer beabsichtigten Übermittlung müssen nach dem Urteil des OLG Hamms auch die vorgesehenen Empfänger bzw. Empfängergruppen benannt werden.[48]

V. Das Merkmal „Ausdrücklichkeit“ der Einwilligungserklärung

Die Rechtsprechung zu Einwilligungserklärungen der Rabattsysteme Happy Digits sowie Payback beschäftigte sich insbesondere mit der Frage, ob Einwilligungserklärungen ausdrücklich abgegeben werden müssen und was dies bedeutet. Gegenstand der Prüfung waren über §§ 307 Abs. 3, 307 Abs. 2 Nr. 1 BGB insbesondere die Anforderungen von § 4a BDSG sowie § 7 UWG.

43 So wohl Simitis/Walz, BDSG, § 4 Rn 6; Gola/Schomerus/Gola, BDSG, § 4 Rn 16; a.A. und zwischen öffentlichen und privaten Bereich unterscheidend Roßnagel/Holznagel/Sonntag, S. 685 f.

44 LG Stuttgart NJW-RR 2004, 911, 912 f.

45 BGH NJW 2003, 1237, 1241.

46 OLG Düsseldorf NJW 2005, 2401, 2402

1. Die Unterschiede zwischen Opt-In und Opt-Out

Die Gerichte verwenden häufiger die Begriffe „Opt-in" sowie „Opt-out". Soweit ersichtlich, sind diese Begriffe jedoch nicht einheitlich definiert bzw. sie werden undifferenziert eingesetzt. Zum einen finden sie Verwendung im Zusammenhang mit der Frage, ob für eine bestimmte Erhebung oder Verwendung personenbezogener Daten überhaupt eine Einwilligungserklärung erforderlich ist. Im Bereich des Direktmarketings war hierzu die EU-Datenschutzrichtlinie über elektronische Kommunikation 2002/58/EG,[49] insbesondere deren Artikel 13, umzusetzen. In diesem Zusammenhang bezeichnet „Opt-in" eine Einwilligungserklärung als Zulässigkeitsvoraussetzung für eine bestimmte Werbemaßnahme. Ist hingegen eine Werbemaßnahme aufgrund gesetzlicher Erlaubnistatbestände zulässig, sofern der Betroffene nicht widerspricht, bezeichnet der Terminus „Opt-out" den Widerspruch des Betroffenen, der zur Unzulässigkeit der (andernfalls ohne Einwilligung zulässigen) Maßnahme führt.[50] Dies entspricht auch der Systematik des BDSG. Eine Werbemaßnahme kann nach § 28 Abs. 3 S. 2 BDSG n.F. auch ohne Einwilligung des Betroffenen zulässig sein. Immer hat der Betroffene jedoch nach § 28 Abs. 4 BDSG ein entsprechendes Widerspruchsrecht, über das er zu informieren ist.

Demgegenüber hat der BGH im Payback-Urteil[51] die Begriffe „Opt-in" und „Opt-out" im Zusammenhang mit formalen Gestaltungsfragen verwendet. Gegenstand war unter anderem die Frage, ob eine Einwilligungsklausel mit anderen Klauseln dergestalt im Sinne von § 4a Abs. 1 S. 4 BDSG verbunden werden darf, dass Betroffene, die ihre Einwilligung verweigern wollen, entweder die Einwilligungsklausel streichen oder eine dafür vorgesehene Stelle ankreuzen müssen. Diese Gestaltungsvariante hat der BGH als „Opt-out"-Einwilligung für ausreichend befunden, sofern sich nicht aus Spezialgesetzen andere Anforderungen an die Einwilligungserklärung ergeben.[52]

Im Bereich der Werbung per Telefon, Fax oder elektronischer Post hat der BGH unter Verweis auf die besondere Wertung von § 7 UWG und den europarechtlichen Hintergrund nach Artikel 13 der Richtlinie 2002/58 EG eine ausdrückliche Willensbetätigung durch gesonderte Unterschrift oder gesondertes Ankreuzen gefordert, wenn eine Einwilligungserklärung abgegeben werden soll und dies als „Opt-in-Einwilligung" bezeichnet.[53] Dieses Erfordernis einer ausdrücklichen Willensbestätigung, wodurch eine Verbindung mit anderen Erklärungen nach § 4a Abs. 1 S. 4 BDSG ausgeschlossen wird, hat in den 2009 novellierten Wortlaut von § 7 Abs. 2 Nr. 2 und Nr. 3 UWG Eingang gefunden. In die Spezialregelung für Einwilligungen

49 RL 2002/58/EG.

50 Diese Verwendung des Begriffs „Opt-Out" ergibt sich z.B. unmittelbar aus Erwägungsgrund (45) der RL 2002/58/EG; vgl. Busse, Wechselwirkungen zwischen BDSG und UWG, RDV 2005, 260, 262; Iraschko/Luscher DuD 2006, 706, 710; Zscherpe K&R 2005, 264, 268.

51 BGHZ 177, 253 = BGH NJW 2008, 3055.

in Datenverwendungen zwecks Werbung oder Adresshandel, § 28 Abs. 3a S. 2 BDSG, ist dieses Erfordernis - entgegen vorheriger Entwurfsfassungen - letztendlich nicht übernommen worden. Vielmehr hat sich der Gesetzgeber letztendlich darauf beschränkt, eine besondere Hervorhebung durch drucktechnisch deutliche Gestaltung zu verlangen (vgl. IV.2.d).

2. Die verschiedenen Varianten von Erklärungen

Beim Verfassen der jeweils erforderlichen Klauseln gilt es, die vorgenannten Unterscheidungen zu beachten. Systematisch ist daher zunächst zu fragen, ob überhaupt eine Einwilligungserklärung vorliegt oder ob es sich um einen bloßen Hinweis auf gesetzliche Erlaubnistatbestände handelt, unter Umständen in Verbindung mit einem Widerspruchsrecht. Sofern es sich um eine Einwilligungserklärung gemäß § 4a BDSG handeln soll, ist zu unterscheiden, ob im Sinne der Payback-Entscheidung des BGH eine „Opt-in"-Einwilligung notwendig oder eine „Opt-out"-Einwilligung ausreichend ist. Demnach sind folgende Formulierungsbeispiele denkbar und entsprechend rechtlich zu würdigen:

> „Wir weisen Sie darauf hin, dass wir Ihnen postalische Werbung zusenden. Sofern Sie diese nicht erhalten möchten, kreuzen Sie bitte nachfolgend an."

Es handelt sich um einen Hinweis auf eine gesetzlich zulässige Werbung. Postalische Werbung ist etwa nach § 7 UWG ohne vorherige Einwilligung der Betroffenen zulässig. Nach § 28 Abs. 4 BDSG besteht jedoch ein Widerspruchsrecht, auf das hinzuweisen ist.[54] Insofern handelt es sich nicht um eine Einwilligungserklärung.

> „Wir weisen Sie darauf hin, dass wir zu postalischer Werbung berechtigt sind. Sofern Sie diese nicht erhalten möchten, kreuzen Sie bitte nachfolgend an."

Inhaltlich scheint diese Formulierung mit der zuvor genannten identisch. Allerdings ist die Qualifikation des ersten Satzes der Formulierung umstritten. Durch die Wortwahl „sind ... berechtigt" kann der Eindruck erweckt werden, dass die Berechtigung erst durch diese Erklärung eingeholt werden soll und nicht bereits aufgrund gesetzlicher Erlaubnistatbestände besteht. Daher hat der BGH dies in einem Schufa-Urteil zu Lasten des Verwenders als Einwilligungserklärung ausgelegt.[55] Anders

54 Vgl. Piper/Ohly, UWG, 4. Auflage 2006, § 7 Rn 32; unzulässig ist die sogenannte Briefkastenwerbung z.B. dann, wenn der Adressat seinen Widerspruch in einer für den Werbenden erkennbaren Weise zum Ausdruck gebracht hat, wie zum Beispiel durch das Anbringen der

entschieden hat das OLG München im Payback-Urteil, in dem es einen Hinweischarakter bestätigt hat.[56] Um hier Missverständnisse zu vermeiden, sollte man einen eindeutigen Wortlaut (entweder „Wir weisen darauf hin" oder „Ich willige ein") verwenden.

> „Ich schließe einen Vertrag und willige überdies in die Nutzung meiner personenbezogenen Daten zu postalischer Werbung ein. (Unterschrift)"

Hier sind zwei verschiedene Erklärungen verbunden. Zum einen eine zivilrechtliche, nach AGB-Recht zu beurteilende Erklärung über einen Vertragsschluss. Zum anderen eine (durch Unterstreichung hervorgehobene) Einwilligungserklärung. Insoweit handelt es sich nach der Rechtsprechung zu Payback und Happy Digits um eine im Sinne von § 4a Abs. 1 S. 4 BDSG zulässige Verbindung der datenschutzrechtlichen Einwilligung mit einer anderen Erklärung.[57] Da sich die Klausel auf eine Werbemaßnahme bezieht, ist auch § 28 Abs. 3a S. 2 BDSG n.F. zu beachten, wonach die datenschutzrechtliche Erklärung in drucktechnisch deutlicher Gestaltung besonders hervorzuheben ist. Jedenfalls durch Fettdruck und Unterstreichung sollte dem bei einer derart kurzen Erklärung Genüge getan sein. Handelt es sich um längere Texte im Rahmen ausführlicher allgemeiner Geschäftsbedingungen, ist noch über andere Gestaltungsmöglichkeiten wie Umrahmungen etc. nachzudenken. Unabhängig hiervon stellt sich unter dem Gesichtspunkt der Willensfreiheit bei einer Einwilligung in Werbung nunmehr wegen § 28 Abs. 3b BDSG die Frage, ob gegen das Kopplungsverbot verstoßen wird, wenn in der Formulierung nicht von vornherein eine Auswahlmöglichkeit vorgesehen ist (vgl. IV.2.e).

> „Ich schließe einen Vertrag und *willige in die Zusendung postalischer Werbung ein.* Wenn Sie diese Werbung nicht erhalten möchten, bitte nachfolgend ankreuzen. (Unterschrift)"

Diese Formulierung lag dem BGH sinngemäß im Payback-Urteil vor.[58] Er hat sie entsprechend der vorstehenden Formulierung auch unter AGB-rechtlichen Maßstäben als mit § 4a Abs. 1 S. 4 BDSG vereinbar angesehen. Die Variante, dass die Einwilligungserklärung bereits vorgegeben ist und wieder gestrichen werden muss, wurde also grundsätzlich als zulässig betrachtet.[59]

> „Ich schließe vorstehenden Vertrag. (Unterschrift) Ich willige in Werbung per E-Mail ein. (Unterschrift)"

56 OLG München OLGReport Müchen 2006, 868, 868 f = MMR 2007, 47, 47f.
57 BGHZ 177, 253 = BGH NJW 2008, 3055, 3056; OLG München MMR 2007, 47, 48 f; OLG Köln GRUR-RR 2008, 327, 327.

Eine derartige Gestaltung hielt der BGH im Payback-Urteil für notwendig, sofern nach § 7 UWG eine Einwilligung in bestimmte Werbeformen vorgeschrieben ist.[60] Entscheidend sei dabei, dass eine ausdrücklich auf die datenschutzrechtliche Einwilligungserklärung bezogene Willensäußerung erkenntlich werde.[61] Dies sei nicht gewährleistet, wenn diese Erklärung mit anderen Erklärungen im Sinne von § 4a Abs. 1 S. 4 BDSG verbunden sei. Daher bedürfe es entweder einer gesonderten Unterschrift oder eines gesonderten Ankreuzens der entsprechenden Erklärung. Ein für dieses Ankreuzen vorgesehenes Feld dürfe auch nicht bereits ausgefüllt sein.[62] Im Ergebnis ähnlich hat das OLG Köln bei einer vergleichbaren Klausel des Kundenrabattsystems Happy Digits entschieden.[63] Anderer Ansicht war insofern noch die Vorinstanz des BGH im Payback-Urteil, das OLG München.[64] Anders als noch in den Regierungsentwürfen ist ein derartiges Erfordernis einer gesonderten Willensbetätigung im neuen § 28 Abs. 3a BDSG nicht aufgenommen worden (vgl. IV.2.d). Dies ist jedoch für die vom BGH entschiedenen Fallgruppen nicht von Belang. Denn im § 28 BDSG ist regelmäßig nur geregelt, welche Daten zur Entscheidung über das Ob einer Werbesendung herangezogen werden dürfen. Über die Form, das Wie, der Werbung entscheidet weiterhin die Bestimmung des § 7 UWG. Dort ist nunmehr in § 7 Abs. 2 Nr. 2 und 3 UWG eine ausdrückliche Einwilligung gefordert.

VI. Einwilligungsinhalte

Aus vorgenannter Gegenüberstellung der Anforderungen nach Datenschutzrecht mit denen nach AGB-Recht ist ersichtlich, dass das Datenschutzrecht mögliche Inhalte von Einwilligungserklärungen entweder gar nicht regelt oder zumindest, von bestimmten Ausnahmen abgesehen, nicht beschränkt. Vielmehr soll der Betroffene sein Recht auf informationelle Selbstbestimmung frei ausüben können (vgl. IV.2.f). Richtige Schlussfolgerung für eine AGB-Prüfung wäre daher eigentlich, dass eine Inhaltskontrolle der tatsächlichen Inhalte der Einwilligungserklärung nicht stattfinden kann, weil ein Maßstab für die Prüfung nach § 307 Abs. 2 Nr. 1 BGB fehlt.

Die Rechtsprechung kam hier jedoch zu anderen Ergebnissen. Die Gerichte haben die gesetzlichen Erlaubnistatbestände für eine Datenverarbeitung, insbesondere nach § 28 BDSG sowie die Bestimmungen des UWG als Maßstab für die Prüfung nach §§ 307 Abs. 1 Nr. 1, 307 Abs. 2 Nr. 1 BGB herangezogen. Folgende Fälle sind insoweit erwähnenswert:

60 BGHZ 177, 253 = BGH NJW 2008, 3055, 3057.

61 Vgl. zu den Anforderungen an eine ausdrückliche Handlung unter den Voraussetzungen von § 13 Abs. 2 TMG: Zscherpe MMR 2004, 723, 726.

62 BGHZ 177, 253 = BGH NJW 2008, 3055, 3057.

63 OLG Köln GRUR-RR 2008, 327, 327.

64 OLG München MMR 2007, 47, 47 ff.; zu einem anderen Ergebnis auf der Basis einer groß-

Eine Klausel in der Schufa-Einwilligung, wonach sog. Negativdaten (Informationen über Vertragsstörungen eines Kreditverhältnisses) pauschal und ohne Interessenabwägung an die Schufa mitgeteilt werden dürfen, ist unwirksam. Maßstab des BGH[65] sowie diverser Oberlandesgerichte[66] war dabei die Vorschrift des § 28 Abs. 1 S. 1 Nr. 2 BDSG, wonach in jedem Fall eine Interessenabwägung vorgenommen werden muss. Insofern hat die Rechtsprechung ein grundsätzlich berechtigtes Interesse der Unternehmen an der Weiterleitung solcher Informationen nicht abgelehnt, sondern dies nur auf das fehlende Erfordernis der Interessenabwägung gestützt.[67]

In den Entscheidungen über die Rabattsysteme Payback und Happy Digits war jeweils die Frage zu beantworten, ob eine Einwilligung in die Erhebung und Verarbeitung bestimmter Angaben wie Geburtsdatum oder Warengruppen zulässig ist. Sowohl der BGH im Payback-Verfahren[68] als auch das OLG Köln im Verfahren Happy Digits[69] haben hier als Vergleichsmaßstab eine Prüfung nach § 28 BDSG angestellt. Beide prüfen schulmäßig, ob nicht bereits nach gesetzlichen Erlaubnistatbeständen das Geburtsdatum als eindeutige Identifizierung einer bestimmten Person verwendet werden darf und Warengruppen bei Informationen über gesammelte Rabatte notwendig sind, um einzelne Rabatttransaktionen später nachvollziehen zu können (z.B. im Rahmen von Kundenreklamationen).

Ähnliche Schlussfolgerungen zieht die Rechtsprechung bei der Frage, ob eine AGB-mäßige Einwilligung in Telefonwerbung zulässig ist. Insofern hat der BGH in mehreren Urteilen entschieden, dass unabhängig von sonstigen Erfordernissen wie Bestimmtheit und Ausdrücklichkeit eine Einwilligung in Form von AGB in Telefonwerbung durch Verbraucher unzulässig ist, weil diese nach dem Grundgedanken des UWG nicht zulässig sein soll.[70]

Diese Herangehensweise der Rechtsprechung ist insgesamt fragwürdig. Sie verkennt den jedenfalls datenschutzrechtlich anerkannten Hintergrund einer Einwilligungserklärung: Die Einwilligung stellt eine Grundlage für die Ausübung des informationellen Selbstbestimmungsrechts des Einzelnen dar, mittels derer der Einzelne die Verwendung ihn betreffender Daten durch den Klauselverwender legitimieren kann – und zwar gerade außerhalb des Rahmens der gesetzlichen Erlaubnistatbestände.[71] Zieht man die begrenzten gesetzlichen Erlaubnistatbestände insoweit als Prüfungsmaßstab heran, bedeutet dies im Endeffekt, dass durch Einwilligungser-

65 BGH NJW 1986, 46, 46.

66 OLG Düsseldorf MMR 2007, 387, 387; OLG Saarbrücken OLGReport Saarbrücken 2006, 33, 33.

67 BGH NJW 1986, 46, 46; OLG Düsseldorf MMR 2007, 387, 387 f.

68 BGHZ 177, 253 = BGH NJW 2008, 3055, 3058.

69 OLG Köln GRUR-RR 2008, 327, 327.

70 BGH NJW 2000, 2677, 2678; BGH NVersZ 1999, 360, 363; BGH NJW 1999, 1864, 1864 f.; abweichend OLG Brandenburg CR 2006, 490 bei der Prüfung des Koppelungsverbots nach § 3 Abs. 4 TDDSG a.F., vgl. dazu auch Schmitz/Eckhardt CR 2006, 533, 535 ff.; Busse RDV 2005, 260, 261; Drewes/Siegert RDV 2006, 139, 141 ff.

klärungen keine weitergehende Legitimation erreicht werden kann als jene, welche durch gesetzliche Erlaubnistatbestände ohnehin besteht. Das Instrument Einwilligung wäre dann überflüssig. Eine solche Wertung ist aber insbesondere § 4 Abs. 1 BDSG nicht zu entnehmen. Auch die Rechtsprechung zur Wirksamkeit einer AGB-mäßigen Einwilligung in Telefonwerbung ist nach dem BGH-Urteil im Payback-Fall zu hinterfragen. Wenn § 7 UWG eine Einwilligungserklärung explizit verlangt, der BGH besondere Bedingungen für die Ausdrücklichkeit einer solchen Einwilligung aufstellt und diese beachtet werden: Warum sollte eine derartige Erklärung dann nach dem Maßstab von §§ 307 Abs. 1 S. 1, 307 Abs. 2 Nr. 1 BGB unzulässig sein?

VII. Schlussfolgerungen

Die AGB-rechtliche Rechtsprechung zu Einwilligungserklärungen führt in einigen Fällen zu Abweichungen von den Wertungen des Datenschutzrechts, die nicht ohne weiteres nachvollziehbar sind, da das Datenschutzrecht den vorrangigen Maßstab bilden sollte. Zu nennen ist hier zum einen die Frage, ob datenschutzrechtliche Einwilligungserklärungen mit anderen Erklärungen verknüpft werden können und wann hier eine ausdrückliche Willensbestätigung erforderlich ist. Insofern überzeugt die Grundaussage des BGH im Payback-Urteil, dass mit anderen Klauseln verbundene Einwilligungsklauseln, auch wenn sie als „Opt-Out"-Einwilligung ausgestaltet sind, den Erfordernissen des § 4a BDSG genügen können. Nicht überzeugend war die Herleitung des BGH, dass hier in Fällen von Einwilligungserklärungen nach § 7 UWG besondere Anforderungen zu stellen sind. Abgesehen davon, dass sich aus europarechtlichen Vorgaben derartiges nicht herleiten lässt, entsteht dadurch eine falsche Wertigkeit. Für den Bereich von Werbung und Marketing, der zugegebenermaßen lästig sein mag, werden sehr strenge Anforderungen gestellt. Für anderweitige Erklärungen, insbesondere im Zusammenhang mit der Verarbeitung sensitiver Daten nach § 3 Abs. 9 BDSG, bleibt es jedoch bei den geringeren Anforderungen von § 4a BDSG. Der Gesetzgeber hat diese Frage durch die Neuregelung von § 7 Abs. 2 Nr. 2 u. 3 UWG für die Einwilligung in die Form der Werbung nunmehr geregelt, für die Frage der Nutzung der Daten für die Entscheidung über das Ob einer Werbemaßnahme bleibt es weiterhin bei der Geltung des BDSG und den bisherigen Grundsätzen.

Des Weiteren ist die Rechtsprechung zu kritisieren, die den zulässigen Inhalt von Einwilligungserklärungen am Maßstab gesetzlicher Erlaubnistatbestände misst und dabei verkennt, dass die Einwilligungserklärung als alternative Legitimationsmöglichkeit nach § 4 Abs. 1 BDSG von den Inhalten gesetzlicher Erlaubnistatbestände abweichen und über diese hinausgehen kann.

Möchte man die Rechtsprechung in der Praxis beherzigen und umsetzen, empfiehlt sich zunächst, sorgfältig zu unterscheiden und Vor- und Nachteile von gesetzgungserklärung benötigt, sollte man vor den neuen Vorgaben des BGH im Payback-Urteil sorgfältig auswählen, welcher „Typ“ einer Einwilligungserklärung erforderlich ist und inwiefern die Einwilligungserklärung mit anderen Erklärungen verbunden werden kann. Schließlich gilt es, über die Einwilligungserklärung sorgfältig zu informieren und eine möglichst detaillierte Schilderung von betroffenen Daten, Zweckbestimmung und Empfängergruppen einzufügen. Schließlich ist darauf zu achten, dass nach der Rechtsprechung der Regelungsinhalt einer Einwilligungserklärung jedenfalls nicht zu weit über eine gesetzlich zulässige Verarbeitung hinausgehen sollte.

Allgemeine Geschäftsbedingungen vor dem Wettbewerbsrichter

Prof. Dr. Anja Steinbeck*

Ist das Kleingedruckte eines Vertrages unwirksam, können Verbraucherverbände vor Gericht Unterlassung begehren. Noch nicht geklärt ist, ob auch Wettbewerber des Klauselverwenders die Unwirksamkeit gerichtlich geltend machen können. Die Richtlinie über unlautere Geschäftspraktiken könnte Aufklärung bringen.
Die §§ 307 ff. des Bürgerlichen Gesetzbuches (BGB) ermöglichen eine Inhaltskontrolle von Allgemeinen Geschäftsbedingungen (AGB). Die Unwirksamkeit von AGB kann nach § 3 Unterlassungsklagengesetz von Verbraucherverbänden gerichtlich geltend gemacht werden. In den letzten Jahren haben sich die Gerichte zunehmend mit der Frage beschäftigt, ob die Verwendung unwirksamer AGB zugleich eine „unlautere Wettbewerbshandlung" i.S. des Gesetzes gegen den unlauteren Wettbewerb (UWG) darstellt. Dies hätte erhebliche Auswirkungen auf die Praxis, weil dann neben den Verbänden auch Wettbewerber des Klauselverwenders klagebefugt wären. Darüber hinaus gilt im Lauterkeitsrecht der sog. fliegende Gerichtsstand (§ 14 Abs. 2 S. 2 UWG), d.h. eine Klage kann überall dort erhoben werden, wo die angegriffenen AGB verwendet werden. Die Oberlandesgerichte haben die Frage, ob die Verwendung unwirksamer AGB gegen das Lauterkeitsrecht verstößt, unterschiedlich beantwortet.[1] Der BGH hatte bislang noch keine Gelegenheit, sich zu der Frage zu äußern.

Das UWG fand bisher nur Anwendung, wenn die Verwendung von AGB eine „Wettbewerbshandlung" darstellt. Das war nicht unproblematisch, weil sich AGB regelmäßig erst nach Abschluss eines Vertrages im Rahmen der Vertragsabwicklung auswirken. Nach überwiegender Auffassung sollten Unregelmäßigkeiten bei der Vertragsabwicklung aber allein vertragliche Ansprüche zwischen den betroffenen Parteien auslösen und nicht auch gesetzliche Ansprüche nach dem UWG.[2] Dieser Einwand hat jedoch keinen Bestand mehr, weil am 1.1. 2009 die Richtlinie über unlautere Geschäftspraktiken (Richtlinie 2005/29/EG) in nationales Recht umgesetzt

* Prof. Dr. Anja Steinbeck ist Direktorin des Instituts für Gewerblichen Rechtsschutz und Urheberrecht an der Universität zu Köln sowie Richterin am OLG Köln.

1 Einen Verstoß gegen das Lauterkeitsrecht bejahend: OLG Frankfurt a. M., K&R 2007, 417; KG Berlin, WRP 2005, 522; KG Berlin, GRUR–RR 2007, 291; OLG Düsseldorf, Urt. v. 05.06.2007 - Az. 20 U 176/06; OLG Düsseldorf, Urt. v. 15.01.2008 - Az. 20 U 108/07; KG Berlin, WRP 2008, 383; OLG Hamm, Urt. v. 26.02.2008 - Az. 4 U 172/07; OLG Frankfurt, OLGR Frankfurt 2008, 937; differenzierend: OLG Hamburg, GRUR-RR 2007, 287 (Horse-

und der Begriff der „Wettbewerbshandlung“ durch den der „geschäftlichen Handlung“ ersetzt wurde. Eine geschäftliche Handlung ist nach § 2 Abs. 1 Nr. 1 UWG 2009 jedes Verhalten einer Person während oder nach einem Geschäftsabschluss, das mit dem Abschluss oder der Durchführung eines Vertrages über Waren oder Dienstleistungen unmittelbar zusammenhängt. Mit dieser Erweiterung des Anwendungsbereichs wird zukünftig auch die Verwendung von AGB ohne weiteres erfasst.

Es stellt sich nunmehr die entscheide Frage, ob die Verwendung von unwirksamen AGB als „unlauter“ angesehen werden kann. Das Gesetz gegen den unlauteren Wettbewerb definiert die Unlauterkeit bekanntlich nicht, sondern stellt in § 4 UWG lediglich einen Katalog von nicht abschließenden Beispielstatbeständen zur Verfügung. Nach dem elften Beispielstatbestand handelt unlauter, wer „einer gesetzlichen Vorschrift zuwider handelt, die auch dazu bestimmt ist, im Interesse der Marktteilnehmer das Marktverhalten zu regeln“. Darüber, ob die Regelungen in den §§ 307 ff. BGB betreffend die Inhaltskontrolle von Allgemeinen Geschäftsbedingungen so genannte „Marktverhaltensregelungen“ darstellen, gehen die Meinungen in der instanzgerichtlichen Rechtsprechung auseinander. Eine höchstrichterliche Entscheidung steht noch aus.

Vor dem Hintergrund der Richtlinie über unlautere Geschäftspraktiken ist jedoch auch dieser Streit obsolet. Da die Richtlinie gegen unlautere Geschäftspraktiken eine Vollharmonisierung der nationalen Rechtsordnungen bezweckt, kann eine geschäftliche Handlung nach nationalem Recht nur dann verboten werden, wenn das europäische Recht ein solches Verbot ebenfalls vorsieht. Die Richtlinie kennt jedoch weder den Beispielstatbestand des Rechtsbruchs noch den Begriff der Marktverhaltensregelung. Auf europäischer Ebene kommt nur ein Verstoß gegen die in der Richtlinie enthaltene Generalklausel in Art. 5 in Betracht, wonach ein geschäftliches Verhalten dann unlauter ist, wenn es „den Erfordernissen der beruflichen Sorgfalt“ widerspricht. Die berufliche Sorgfalt wiederum wird in Art. 2 lit. h der Richtlinie definiert als „Standard an Fachkenntnissen und Sorgfalt, bei denen billigerweise davon ausgegangen werden kann, dass der Gewerbetreibende sie gegenüber dem Verbraucher gemäß den anständigen Marktgepflogenheiten und/oder dem allgemeinen Grundsatz von Treu und Glauben in seinem Tätigkeitsbereich anwendet.“

Die entscheidende Frage lautet also: Verstößt ein Unternehmer, dessen Allgemeine Geschäftsbedingungen nach den §§ 307 ff. BGB unwirksam sind, gegen seine beruflichen Sorgfaltspflichten? Die Antwort hierauf hängt davon ab, ob man dem Begriff der beruflichen Sorgfalt ein subjektives oder objektives Verständnis zugrunde legt. Verlangt man ein „Verschulden“ des Unternehmers, muss man einen Verstoß dann verneinen, wenn die AGB dem Verwender beispielsweise von einem Verband empfohlen wurden oder wenn ihre Unwirksamkeit erst im Anschluss an divergierende instanzgerichtliche Rechtsprechung höchstrichterlich festgestellt wird. Anders muss die Beurteilung ausfallen, wenn der Begriff der beruflichen Sorgfalt objektiv verstanden wird. Dann wird man sagen können, dass es mit der beruflichen Sorgfalt eines Unternehmers nicht in Einklang steht, wenn er AGB verwendet, die entgegen

Vertragspartner verursachen (so die Formulierung in Art. 3 Abs. 1 der Richtlinie über missbräuchliche Klauseln in Verbraucherverträgen).

Meines Erachtens entspricht nur ein objektives Verständnis der nationalen sowie der europäischen Entwicklung des Lauterkeitsrechts. Die Rechtsprechung des Bundesgerichtshofs zum Lauterkeitsrecht hat sich zunehmend von subjektiven Erfordernissen im Rahmen des Unlauterkeitsvorwurfs verabschiedet[3] und auch der Richtlinie über unlautere Geschäftspraktiken sind subjektive Elemente weitgehend fremd. So verzichtet etwa die europäische Definition der geschäftlichen Handlung – anders als das derzeit noch geltende deutsche Recht – auf eine „Wettbewerbsförderungsabsicht".

Ein Mehr an Verbraucherschutz ist freilich mit dieser Entwicklung und der Ausweitung des Anwendungsbereichs des Lauterkeitsrechts nicht gewonnen. Der Prüfungsmaßstab des mit der Sache befassten Richters bleibt der gleiche, unabhängig davon, ob nun der für Verbraucherschutz oder der für das Wettbewerbsrecht zuständige Spruchkörper des angerufenen Gerichts entscheidet. Es bleibt jedoch zu hoffen, dass diese Entwicklung nicht weitergeht und eines Tages auch individuell ausgehandelte Vertragsklauseln vor dem Wettbewerbsrichter landen.

Kolibri 360 GmbH
Ferdinand-Jühlke-Straße 7
99095 Erfurt, Deutschland
produktsicherheit@kolibri360.de